나는
그랩과 우버에
투자했다

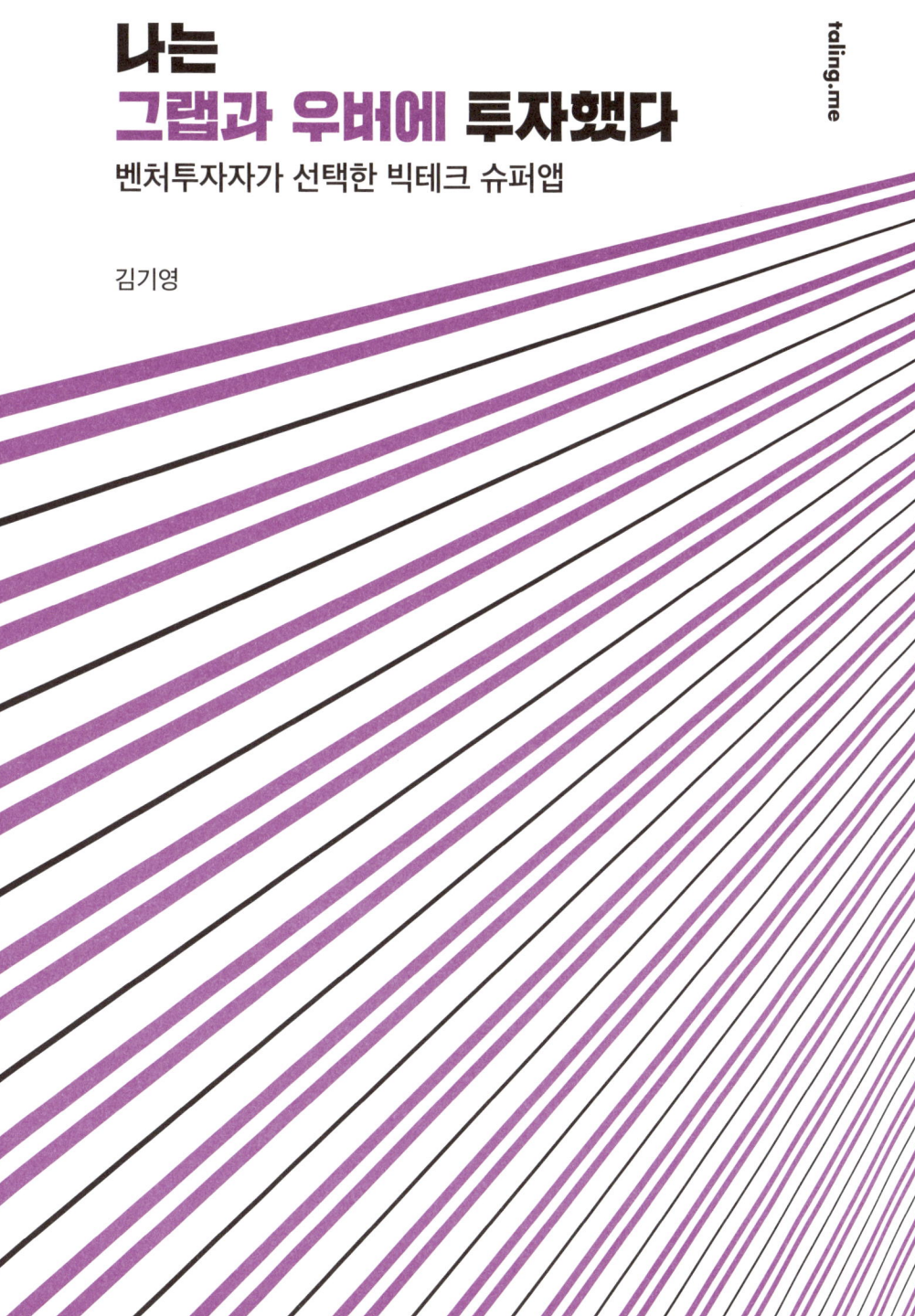

나는
그랩과 우버에 투자했다

벤처투자자가 선택한 빅테크 슈퍼앱

김기영

taling.me

PROLOGUE

전 세계는 지금 슈퍼앱 전쟁이다

필자는 대형 서점에 가는 것을 좋아한다. 매번 책을 사지는 않지만 베스트셀러들만 모아 놓은 매대를 정기적으로 둘러보곤 한다. 변화하는 시대의 흐름을 캐치하기 좋은 방법 중 하나이기 때문이다.

'삼성 vs. 소니', '카카오 vs. 네이버'

베스트셀러 칸에 종종 등장하는 흥미로운 유형의 제목이다. 이런 책들은 핵심 산업을 리드하는 주요 회사를 여러 각도로 비교해주니 시장을 이해하는 데 상당한 도움이 된다. 특히 최근 들어 주식 투자에 대한 관심이 범국민적으로 커지면서 이런 책에 대한 관심도 더 높아졌다. 다만 한 가지 흥미로웠던 점은 아래와 같은 제목의 책이 없었다는 것이다.

'그랩 vs. 우버'

필자는 '그랩Grab'의 벤처투자자다.[*] '그랩'이라는 회사를 비상장 단계에서 발굴하여 투자를 집행했다. 그랩과 처음 인연이 닿은 건 2018년 겨울이었다. 투자 룸을 확보하고 검토를 시작하면서 그랩의 실제 데이터를 직접 볼 수 있었다. 동시에 관련 시장에 대한 산업 리서치를 대대적으로 진행하게 되었는데, 이때 비교 기업으로 가장 많이 등장한 곳이 바로 '우버Uber'였다.

그랩과 우버는 깊이 있게 공부할수록 더 놀라운 기업이었다. 두 회사 모두 '차량호출 앱'으로 시작하여 단기간에 엄청난 규모의 유저를 확보했고, 이를 기반으로 배달 서비스 등 다양한 영역에서 사업을

---

[*] '벤처투자'란 유망 중소·벤처기업에 대하여 주식 등 지분 증권을 중심으로 자금을 투자하고, 기업이 성장한 이후 상장 등을 통하여 투자금을 회수하는 행위를 지칭한다.

진행하며 사용자들의 일상생활에 지대한 영향을 미치고 있었다.

필자 역시 미국에서 유학하면서 우버를 무척이나 많이 사용했고, 직업 특성상 동남아 출장이 빈번했는데 이때 가장 많이 이용한 모바일 앱은 단연 그랩이었다. 그렇기 때문에 양사 서비스의 편리성에 대해서는 이미 잘 인지하고 있었다. 하지만 투자 검토 과정에서 깨달은 그들의 잠재력은 편리함 그 이상이었다.

그랩과 우버는 각각 동남아시아와 미국을 대표하는 '슈퍼앱Super App'이다. 양사는 누구보다 많은 고객 접점을 확보하면서 방대한 양의 고객 데이터를 획득하고 있다. 이들은 확보한 데이터를 기반으로 교통Transportation, 배달Delivery, 금융Financial Service*이라는 거대한 버티컬 안에서 독점적 위치를 구축하며 탄탄한 거래액을 창출하고 있다. 특히 그랩의 경우 동남아시아 주요 8개국에서 80%에 가까운 시장점유율을 기록하며 압도적으로 강력한 브랜드 평판을 구축했다.

불과 10년 전만 해도 그랩과 우버는 가능성 높은 스타트업 정도였지만, 이제는 당당히 FAANGFacebook, Apple, Amazon, Netflix, Google과

---

* 우버는 현재 사업자들을 대상으로 제한된 금융 서비스만 제공하고 있다.

Rank	Brand	Score
1	Grab	76.7
2	MacDonald's	75.5
3	Go-Jek	73.9
4	Netflix	71.6
5	Uniqlo	69.8
6	Facebook	68.3
7	Instagram	68.2
8	WhatsApp	68.0
9	Singapore Airlines	65.7
10	Apple iPhone	64.8

Significant brand recognition with millennials –YouGov NextGen brand rankings

동남아시아 시장 내 '그랩'의 브랜드 인지도
• 출처: YouGov BrandIndex

같은 빅테크 기업의 자리를 넘보고 있다.

한국의 독자들에게는 그랩과 우버라는 이름이 아직은 조금 생소할 수 있다. 일단 그랩은 한국에서 진행 중인 사업이 없고, 2021년 12월 전까지는 비상장 회사였기 때문에 외부에 공개되는 정보가 부족했다. 우버는 우버코리아라는 법인을 설립했지만 북미 지역과 비교해보면 국내에서는 극히 제한적인 사업만 운영 중이다. 우버는 2019년에 뉴욕거래소에 상장되며 그랩보다는 국내 미디어에 많이 노출되었지만, 앞에서 언급한 FAANG 같은 빅테크 기업만큼 주목을 받지는 못했다.

그러나 디지털 세상의 시계는 무척 빠르게 움직인다. 미국에서는 테슬라가 어느새 시가총액 Top 10에 진입했고*, 국내에서는 카카오·네이버 같은 벤처기업이 LG·포스코 같은 전통적인 대기업보다 더 높은 기업가치를 기록하고 있다. 시장에서 영원한 승자라는 것은 원래부터 존재하지 않았지만 그 변화의 속도가 대중의 예상보다 훨씬 빠르다는 것을 쉽게 체감할 수 있다.

이런 격변하는 시대의 흐름 속에서 기회를 잡기 위해선 끊임없는 고민이 필요하다. 특히 5년, 10년 후 글로벌 경제에 유의미한 임팩트를 만들 수 있는 기업들은 어떤 곳일지 우리는 깊이 있게 생각해 봐야 한다. 그런 맥락에서, 필자가 주목한 트렌드 중 하나는 바로 '슈퍼모빌리티 앱'의 부상이다. 그리고 그랩과 우버는 이 시장을 대표하는 글로벌 테크 기업이다.

이 책은 양사의 사업모델, 경영진, 잠재적 가치 및 리스크를 이해하고 싶은 독자들을 위한 책이다. 그랩과 우버의 과거와 현재, 그리

---

* 집필 당시 기준이며, 시가총액 순위는 그때그때 변화가 있다.

고 미래에 대해 이야기함으로써 왜 유명 펀드매니저들이 우버를 '제2의 아마존'으로 부르는지, 소프트뱅크와 같은 대형 기관투자자들이 왜 그랩에 베팅했는지 이해할 수 있도록 돕고 싶었다.

양사 모두 상장사인 만큼 기업가치에 대한 궁금증도 있겠지만, 가격에 대한 예측은 최대한 피했다. 그 대신 필자가 VC(벤처투자자)로서 모빌리티 기업을 발굴하고 투자하여 상장IPO까지 진행하면서 얻게 된 인사이트를 책 속에 녹여내고자 노력했다. 단기적인 관점보다는 중장기적인 관점에서 회사를 바라보고, 5년 후에도 유효한 정보들 위주로 책을 구성했다. 이를 통해 독자들이 '단순계'에서 '복잡계'로 진화하고 있는 시장에서 나름의 방향성을 잡는 데 이 책이 조금이나마 도움이 되기를 바라본다.

"사업을 통해서 내가 배운 중요한 레슨은 바로, 'No'보다는 'Yes'라고 말해야만 한다는 것이다."

(The key thing I learned in entrepreneurship is, never say 'no', you must always say 'yes'.)

그랩의 창업자인 앤서니 탄의 말이다. 시장에는 슈퍼모빌리티 앱을 바라보는 다양한 관점이 존재한다. 그중 서로 반대되는 의견도 존재하며, 모두 충분히 납득할 만한 주장이다. 하지만 공부해보지도 않고 '이 시장은 안 돼.'라는 관점을 가지고 있는 것은 무척이나 위험하다. 시작점이 'Yes'여도 손해 볼 것은 없다. 물론 결론은 오픈 엔딩이고 선택은 온전히 독자의 몫이다.

자, 그럼 이제 한번 시작해보자. 그랩과 우버는 어떤 회사일까.

차례

PROLOGUE
- 전 세계는 지금 슈퍼앱 전쟁이다 5

PART 1
모빌리티, 슈퍼앱이 되다
- 슈퍼모빌리티 플랫폼 '우버'의 탄생 17
- 우버에는 어떤 서비스들이 있을까? 23
- 동남아 최고의 슈퍼앱 '그랩'의 탄생 28
- 그랩에는 어떤 서비스들이 있을까? 34
- 그랩과 우버의 최대 주주는 누구인가? 39

PART 2
소프트뱅크, 그랩과 우버의 운전대를 잡다
- 손정의 회장, 그리고 소프트뱅크가 탐내는 공유경제 47
  - NYSE와 NASDAQ의 차이점 56
- '동남아판 우버' 그랩, 원조를 삼키다 58
- 소프트뱅크는 어떤 스타트업에 투자하는가? 63
  - VC들의 스타트업 기업가치 평가 방법 68
- 스타트업들은 왜 VC투자를 받는가? 75

PART 3
카카오 + 배달의민족 + 토스 = 그랩?

- 동남아의 제왕 그랩, 모빌리티를 넘어 금융의 지배자로 85
- 그랩의 스팩(SPAC) 상장 스토리 90
- 동남아시아, 디지털 금융 기회의 땅 95
- 그랩은 동남아 핀테크의 대장주가 될 수 있다 101
- 벤처투자자에게 엿듣는 그랩의 투자 스토리 107
  - 동남아시아 주요 국가별 모빌리티 규제 현황 114

PART 4
모빌리티의 끝판왕 우버

- 제2의 아마존, 북미 모빌리티 시장의 절대자 123
- 모빌리티 규제와 우버의 과제 128
- 북미 시장의 관전 포인트, 우버의 경쟁사 '리프트' 131
- 우버의 새로운 먹거리, 우버이츠 138
- 우버는 한국에서 카카오를 이길 수 있을까? 143
- 매각했으나 포기할 수 없는 자율주행차 사업 149

PART 5
새로운 미래에는 반드시 그랩과 우버가 있다

- 포기할 수 없는 미래, 자율주행 서비스 157
  - 자율주행과 블록체인이 만나면? 164
- 택시를 타고 하늘을 나는 시대 168
- 플랫폼 기업이 주도하는 디지털 금융 산업 174
- 프로토콜 경제, 플랫폼에 크립토와 블록체인을 더하다 183
  - VC모델을 통해 배우는 투자의 본질과 방법 188

EPILOGUE
- '이동'하는 슈퍼앱 194

PART 1
모빌리티, 슈퍼앱이 되다

슈퍼모빌리티 플랫폼 '우버'의 탄생

모빌리티 플랫폼의 탄생

우버는 2009년 미국 샌프란시스코에서 시작된 스타트업이다. 비즈니스모델은 단순했다. 택시를 이용하고 싶은 승객들은 핸드폰에 우버 앱을 다운로드한다. 앱을 통해 배차를 신청하면 우버는 소속 차량을 승객에게 중개한다. 승객은 원하는 목적지에 도착하면 모바일로 요금을 지불한다. 요금의 약 20%는 중개료로 우버에게 전달되며, 운

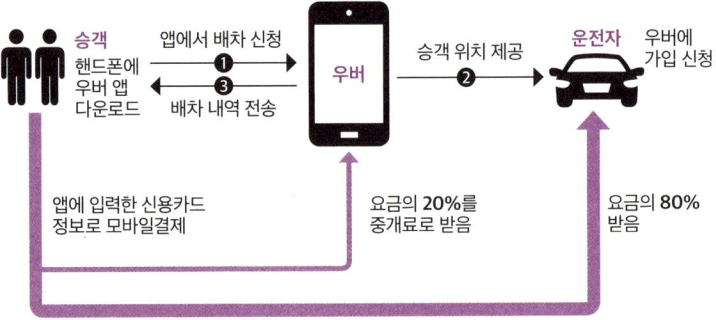

전자는 요금의 약 80%를 받는 구조다.

    우버는 이처럼 승객과 운전자를 스마트폰 하나로 연결시킨 플랫폼이다. 우버는 택시 회사이지만 운전기사가 없고 택시를 소유하지도 않았다. 모바일을 통해 승객과 운전자를 연결해주는 허브 역할만 수행했다. 우버의 사용자들은 스마트폰에 카드를 등록하고 자동으로 결제할 수 있어서 하차 시 운전기사에게 비용을 지불하는 번거로운 과정을 생략할 수 있게 되었다. 운전기사들 역시 본인 소유의 택시가 없어도 파트타임으로 우버 택시를 운영하면서 짭짤한 소득을 얻을 수 있었다. 생태계 내 수요자(승객)와 공급자(운전자)를 모두 만족시키면서 막대한 규모의 매출을 일으킬 수 있는 '모빌리티 플랫폼'이 탄생한 것이다.

우버는 독일어로 '아주 우수한(영어로 super)'이라는 뜻의 단어이다. 우버는 약 90조 원의 기업가치를 인정받으며 2019년에 뉴욕증권거래소NYSE에 상장되었다. 상장 전까지 약 30조 원 규모의 투자금을 유치했고, 서비스 개시 5년 만에 100개 이상의 도시에 시비스를 제공하며 전 세계 대부분의 나라에서 사업을 영위하고 있다.

창업자 캘러닉과
경영자 코스로샤히

우버를 창업한 사람은 바로 트래비스 캘러닉Travis Kalanick이다. 1976년생으로 미국 캘리포니아주 LA에서 태어난 그는 한국에서 '우클라'로 잘 알려진 UCLAUniversity of California, Los Angeles에서 컴퓨터공학을 전공했지만, 테크 스타트업에서 풀타임으로 근무하기 위해 중퇴한 것으로 알려졌다. 대학 중퇴 이후 P2P 파일 공유 회사인 '레드스우시Red Swoosh'를 창업했고 약 1,900만 달러(한화 약 200억 원)에 매각하며 젊은 나이에 큰돈을 벌게 되었다. 엑싯Exit, 투자회수 후에는 실리콘밸리에서 약 2년간 벤처투자자VC, Venture Capitalist로 활동하며 인맥을 넓혔다. 하지만 결국 다시 창업의 세계로 돌아왔고, 과거 사업을 통해 확보한 자본을 활용하여 2009년에 우버를 창업했고, 2010년 6월에 샌프란시스코에서 우버 서비스를 공식적으로 론칭했다.*

창업 동기는 명확했다. "택시를 잡는 데 시간이 너무 오래 걸리고 짜증나서"가 그 이유였다. 캘러닉은 2008년 파리 정보기술 컨퍼런스에 참석했을 당시, 택시를 잡기 위해 30분을 기다리는 끔찍한 경험을 하며 다음과 같이 생각했다. '미국 샌프란시스코에서도 택시를 사용하려는 승객들이 비슷한 어려움을 겪지 않을까? 길거리에서 허비하는 시간을 기술을 통해 줄여줄 수 있다면 사람들의 생활이 더 효율적으로 변할 수 있지 않을까?' 이런 생각에서 비롯된 믿음은 확신이 되어 창업이라는 결정으로 이어졌고, 친구인 가렛 캠프Garret Camp와 지금의 우버를 만들게 되었다.

하지만 안타깝게도 캘러닉과 우버의 동행은 완벽한 해피 엔딩은 아니었다. 그는 성추문 은폐, 배임 소송, 막말 논란 등에 휘말리며 2017년 회사 CEO 자리에서 사임했다. 캘러닉은 우버 상장일에 진행되는 축하 행사인 '오프닝 벨' 이벤트에도 참석하지 못했다. 결국 그는

---

* 캘러닉은 18세에 이미 창업을 한 경험이 있다. 수학을 잘하던 그는 LA에 살던 한국인 친구들과 함께 미국 수능시험(SAT) 준비 학원을 운영했는데, 이때부터 시장의 니즈를 파악하며 돈을 버는 창업의 매력에 빠지게 되었다고 한다.

회사의 이사회에서도 하차했고, 보유하고 있던 우버 주식 대부분을 매각했다. 그의 지분 가치는 약 30억 달러(한화 약 3조 원) 수준이었다. 아마도 캘러닉이 그리던 이상적인 그림은 아니었겠지만, 그는 우버를 정리하는 과정을 통해 막대한 부를 얻게 되었다.

캘러닉의 후임 CEO로는 세계적인 여행 예약 사이트인 '익스피디아Expedia' 대표 출신의 다라 코스로샤히Dara Khosrowshahi가 낙점되었다. 1969년생인 코스로샤히는 아이비리그 대학 중 하나인 브라운 대학교에서 전기공학을 공부한 후 투자은행을 거쳐 IT 업계에 정착했다. 그가 익스피디아 대표로 재임하는 기간 동안 회사의 총 예약 금액은 약 5배가량 상승했고, 이 같은 실적을 인정받아 약 1천억 원 수준의 연봉 패키지를 받았다.

현재 우버의 CEO인 코스로샤히는 창업자인 캘러닉과는 대조적인 행보를 보이고 있다. 한때 회사의 미래 성장동력으로 꼽았던 자율주행차와 에어택시* 사업을 과감하게 매각했고, 수익성 높은 핵심 사업에 집중하는 모습이다. 코스로샤히가 지향하는 회사의 방향에 대

---

* '하늘을 나는 택시'로 불리는 도심형 항공모빌리티(UAM)를 지칭한다.

해서는 Part 4에서 조금 더 디테일하게 다루도록 하겠다.

다시 캘러닉의 스토리로 돌아와보자. 그는 명예롭지 못한 방식으로 우버와 작별했고, 캘러닉에 대한 시장의 평가는 냉탕과 온탕을 오간다. 필자 역시 그를 대단한 기업가인 것처럼 찬양하고 싶은 생각은 없다. 다만 그는 작은 정보를 갖고 큰 인사이트를 얻어서 과감하게 결정할 줄 아는 창업가였다. 캘러닉은 다음과 같이 말했다.

"Fear is the disease. Hustle is the antidote."
(두려움은 병이다. 이 병의 해독제는 바로 강력한 행동이다.)

적어도 캘러닉은 행동할 줄 아는 창업자였다. 그리고 그의 과감한 도전은 전 세계 모빌리티 시장의 판도를 바꿔버린 우버라는 공룡을 탄생시켰다.

우버에는 어떤 서비스들이 있을까?

우버의 주력 서비스는 크게 세 가지로 구분된다. 첫 번째 사업모델은 앞서 언급했던 차량호출 서비스(우버트랜스포테이션)이다. 일반인의 개인 차량 혹은 운송사업자의 차량을 고객들에게 연결해주는 플랫폼 사업이다. 두 번째는 음식 배달 서비스(우버이츠)이다. 한국의 '배달의민족'과 유사한 서비스라고 볼 수 있다. 세 번째는 우버헬스, 우버프라이츠와 같은 신규 사업들이다.

우버트랜스포테이션 Uber Transportation

우버의 차량호출 서비스는 우버엑스UberX, 우버풀Uber Pool, 우버컴포트Uber Comfort 등으로 구성되어 있다.*

차량호출 서비스의 핵심은 우버 기사들을 승객들에게 연결하여 콜택시처럼 이용할 수 있게 하는 것이다. 우버 기사들 중에는 파트타임으로 택시 운영을 하는 경우도 많다. 영업용 택시가 아니어도 우버 기사 등록이 가능하기 때문이다. 승객들에게는 투명한 경로 관리와 간편한 비용 계산 시스템을 제공한다. 이를 통해 기존 택시 이용 시 발생하던 불편함과 불신을 해소했다. 승차 거부 없이 사용할 수 있다는 점도 서비스의 장점 중 하나이다. 창업 초창기에는 고급 서비스인 '우버블랙'으로 시작했지만, 이후 호출 서비스를 소비자 니즈에 맞춰 세분화했다. 일반 택시와 유사한 '우버엑스', 카풀 서비스인 '우버풀' 등 다양한 가격대의 승차 옵션을 제공한다.

---

* 우버 미국 사업 기준. 한국에서도 서비스를 영위하고 있으나 회사의 전체 매출에서 한국이 차지하는 비중이 미미하기 때문에 본 책에서는 자세히 다루지 않는다.

우버 차량호출 서비스의 종류

UberX
합리적인 요금
1명에게 넉넉한 좌석 제공

Uber Pool
문 앞으로 찾아오거나
단거리 도보 이동으로
이용할 수 있는 합승 서비스

Uber Comfort
넓은 공간을 갖춘
최신 차량 제공

우버이츠 Uber Eats

온라인을 통해 음식을 주문하는 서비스이다. 한국의 배달 전문 플랫폼 '배달의민족'과 비슷한데, 이용자가 음식을 주문하면 우버 기사가 식당에서 음식을 받아 원하는 장소로 배달해주는 방식이다.

우버는 차량호출 서비스를 통해 확보한 우버 기사들을 활용하여 음식 배달 서비스로 사업을 확장했다. 2014년 샌프란시스코 지역의 유명 식당들과 제휴를 맺으며 배달 플랫폼인 '우버이츠'를 출시했다. 출시 3년 만에 200개 도시로 사업을 확장했고, 코로나19가 시작된 2020년에는 우버이츠의 매출이 차량호출 사업 매출을 추월하면서 회사의 주력 사업으로 자리매김했다. 더불어 2021년에는 주류 배달 스타트업인 '드리즐리Drizly'를 인수하면서 우버이츠 앱 안에서 술

우버이츠 서비스 예시 • 출처: 우버 홈페이지

배달 사업까지 영역을 확장하고 있다. 일본의 편의점 체인인 '로손 Lawson'에서는 우버이츠를 이용해 처방전이 필요 없는 49종류의 시판약 배달도 시작한 바 있다.

기타 서비스

우버는 차량호출과 배달 서비스를 기반으로 다양한 사업모델을 붙여가고 있다. 예컨대 '우버프라이트Uber Freight'는 선적 업체와 운송 업체를 매칭해주는 서비스를 제공한다. 선적 업체는 앱을 통해 클릭 한 번으로 선적할 화물을 예약할 수 있고, 운송 업체는 확정 요금제를 통해 요금에 대한 불확실성을 없앨 수 있게 되었다. 또한 화물 서비스를 강화하고자 2021년 7월 화물트럭 운영 업체인 '트랜스플레이스Transplace'를 인수했다.

또 다른 신규 서비스 중 하나로는 '우버헬스Uber Health'가 있다. 우버헬스는 병원 예약이 있는 환자들에게 운송 서비스를 제공한다. 미국에서는 교통 운송 문제로 병원 진료 시간을 맞추지 못하는 환자가 1년에 약 360만 명 수준인데, 이들은 병원 예약 시간을 맞추지 못할 경우 길게는 한 달 이상을 다시 기다려야 하는 불편을 겪고 있다. 이런 문제점을 해결하고자 병원, 재활센터 등 100여 개의 의료기관들이 2018년부터 우버헬스 솔루션을 사용하고 있다.

이 외에도 우버는 여러 종류의 B2B 솔루션을 제공하고 있는데, 새로운 신규 사업들은 결국 우버가 차량호출을 통해 구축한 슈퍼모빌리티 플랫폼에 기반하고 있다.

동남아 최고의 슈퍼앱 '그랩'의 탄생

**그랩의 창업자
앤서니 탄**

그랩의 창업자인 '앤서니 탄Anthony Tan'은 흔히 말하는 '금수저' 집안의 아들이다. 그의 증조할아버지는 택시 운전사로 시작해 말레이시아의 가장 큰 자동차 유통 업체인 '탄청모터스Tan Chong Motors'를 창업했다. 이후 할아버지와 아버지 모두 탄청모터스를 경영했고, 아버지는 말레이시아 Top 100 안에 드는 부자로 알려진 재력가다. 탄 역시 그랩을 창업하기 전 탄청모터스에서 근무했으며, 본인의 기업가 정신의 뿌리가 증조할아버지에게서 나왔다고 말할 만큼 집안에 대한 자부심이 상당하다.

탄은 미국에서 유학 생활을 했다. 시카고대학교를 졸업한 후 하버드대 경영대학원에서 MBA 과정을 밟았다. 그랩이 탄생한 것도 바로 하버드 비즈니스 스쿨에서였다. 탄은 학교에서 진행된 사업 경연대회에서 콜택시 앱 '마이택시'라는 아이템을 제안했다. 당시 하버드 교수로부터 "아이디어는 괜찮지만 구현하기 쉽지 않을 것"이라는 피드백을 받았다. 하지만 그는 이 프로젝트를 실행에 옮겼다.

첫 번째 타깃 지역은 그의 고향인 말레이시아였다. 말레이시아의 택시는 바가지 요금, 노후 차량, 불친절한 서비스로 세계 최악의 택시라는 오명을 안고 있었다. 탄은 이런 문제를 기술을 통해 해결할 수 있다고 믿었다. 스마트폰 사용자 수가 빠르게 증가하는 트렌드에 주목하며 모바일 앱 기반의 플랫폼을 준비했다. 마침내 2012년 6월 말레이시아의 수도인 쿠알라룸푸르에서 하버드 경영대학원 동기인 '탄 후이 링Tan Hooi Ling'과 함께 '마이택시MyTeksi'라는 브랜드로 그랩 서비스를 론칭했다.

시작은 미약했다. 당시 서비스에 가입된 택시 운전사의 수는 고작 40명 정도에 불과했다. 사업 시작과 동시에 여러 가지 도전을 받았다. 비교적 교육 수준이 낮았던 택시 운전사들은 새로운 기술에 대한 거부감이 컸다. 이들은 GPS를 이용해본 적도 없었고, 스마트폰을 살 만큼의 경제적 여유도 없었다. 하지만 탄은 포기하지 않고 정면돌파를 선택했다. 호텔, 공항 등을 직접 돌면서 택시 운전사들을 모집했다. 앱을 사용하면 승객 수를 늘릴 수 있다는 점을 강조했다. 모바일 앱이 결코 복잡하지 않다는 점도 알렸다. 동시에 통신사 및 스마트폰 제조 업체와 파트너십을 추진하여 택시 운전사들에게 스마트폰 구매를 위한 보조금을 제공하도록 설득했다.

　이용자들 사이에서 그랩이 편리한 서비스라는 소문이 나자 회사는 가파르게 성장했다. 말레이시아를 넘어 필리핀, 싱가포르, 태국, 베트남, 인도네시아로 사업을 확장했다. 최근에는 미얀마와 캄보디아에서도 서비스를 시작하면서 동남아시아 8개국에서 사업을 운영하고 있다. 참고로 말레이시아에서는 '마이택시', 그 밖의 나라에서는 '그랩택시'라는 브랜드로 서비스를 제공했는데 2016년부터는 지금의 '그랩$_{Grab}$'으로 통일되었다. 2018년에는 가장 큰 경쟁자인 우버를 인수하면서 명실상부한 동남아 최대 모빌리티 플랫폼 기업으로서 탄탄한 입지를 구축했다(그랩과 우버의 인수합병에 대한 자세한 이야기는 Part 2에서 해보도록 하겠다).

워커홀릭 창업자가 말하는
일하는 휴식

다시 창업자인 앤서니 탄의 이야기로 돌아와보자. 그는 하버드에서도 알아주는 워커홀릭이었다. 탄은 러닝머신을 타면서 비즈니스 케이스*를 읽는 것으로 유명했다. 그는 일하는 것에 대해 다음과 같이 말했다.

> "저는 휴식이 따로 필요 없습니다. 왜냐하면 저한테는 일하는 게 휴식이거든요."
>
> (I don't need breaks because to me the job is a break.)

그가 처음 사업을 한다고 했을 때, 많은 사람들은 그랩을 부잣집 도련님의 취미 정도로 생각했었다. 언젠가는 가족 사업을 이어서 할 것이라는 의견이 지배적이었기 때문이다. 하지만 그는 유튜브 같은 테크 스타트업들의 성공에 큰 자극을 받았고, 엄청난 수준의 에너지

---

* 실제 비즈니스 사례들을 정리한 자료다. 하버드 경영대학원을 포함한 주요 MBA 과정에서 가장 많이 사용하는 교재이다.

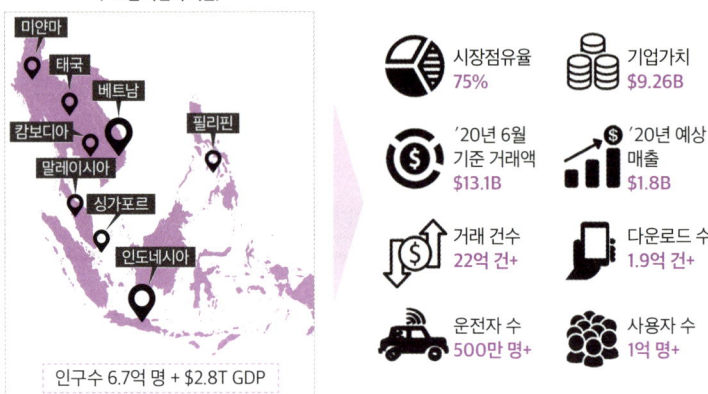

로 그랩을 진두지휘했다. 그리고 결국 숫자로 결과를 증명했다.

그랩은 약 7억 명의 인구를 보유한 동남아 시장 8개국에서 70%가 넘는 시장점유율을 기록하며 빠르게 성장하는 모빌리티 시장을 선점했다. 2020년에는 누적 다운로드 수 1.9억 건, 사용자 수 1억 명, 드라이버 수 500만 명을 돌파했다. 2019년에는 이미 $10B(한화 약 11조 원) 수준의 총거래액을 기록했다.

이제 앤서니 탄과 그랩은 더 높은 곳을 바라보고 있다. 모빌리티를 넘어 배달 그리고 디지털 금융의 영역에서 사업을 전개하고 있으며, 이를 통해 동남아시아 넘버 원 '슈퍼앱'으로 자리매김하고 있다.

기회의 땅으로 불리는 동남아시아, 그곳에서 그랩이 그리고 있는 웅장한 그림에 대해서는 이어지는 내용에서 같이 알아보도록 하자.

그랩에는 어떤 서비스들이 있을까?

그랩은 우버와 마찬가지로 차량호출을 넘어 다양한 분야로 사업을 확장해왔다. 주요 사업은 크게 그랩택시, 그랩푸드, 그리고 그랩파이낸셜로 구분된다.

그랩택시 Grab Taxi

스마트폰을 통해 승객과 운송 차량을 연결해주는 서비스다. 우버택시와 유사한데 우버와 달리 현금결제가 기본이어서 카드 등록이 필수는 아니다. 물론 카드결제도 가능하며, 카드를 등록하면 자동결제 후 영수증을 보내준다. 현재 싱가포르, 인도네시아, 말레이시아, 베트남, 태국, 캄보디아, 미얀마, 필리핀 등 총 8개의 동남아시아 국가에서 사업을 영위하고 있다. 기본적인 차량호출 서비스 외에도 오토바이 택시인 '그랩바이크Grab Bike', 카풀 서비스인 '그랩셰어Grab Share'와 셔틀버스를 공유하는 '그랩셔틀Grab Shuttle' 서비스 등을 제공한다.

그랩푸드 Grab Food

그랩푸드 역시 '배달의민족'과 유사한 서비스로, 그랩의 플랫폼을 활용해 음식 배달 서비스를 제공한다. 2017년 2개국 2개 도시에서 시작하여, 2020년에는 동남아시아 시장점유율 약 50%를 확보했다. 코로나19 이후 음식 배달 수요가 늘면서 가파른 상승세를 보이고 있는

Segment	Euromonitor estimated regional category share in 2020	
	Grab	Next closest competitor
Online food delivery	50%	20%
Ride hailing	72%	15%
E-wallet	23%	14%

동남아시아 카테고리별 그랩 시장점유율 현황(2020년 기준)   • 출처: Euromonitor

그랩푸드 서비스 예시 • 출처: 그랩 홈페이지

데 2021년 3분기 기준 배달 사업의 거래액은 전년 동기 대비 약 63% 증가했다.

서비스의 UI/UX는 상당히 친절한 편이다. 사용자의 위치 정보를 기반으로 근거리에 있는 음식점을 추천해주고, 배달 위치도 실시간으로 확인할 수 있다. 할랄음식, 태국식, 한식, 중식 등 다양한 종류의 메뉴들을 주문할 수 있고, 국내 배달 앱처럼 음료나 디저트 주문도 가능하다. 그랩푸드로 주문한 메뉴는 그랩페이를 통해 결제를 진행할 수 있다.

그랩파이낸셜 Grab Financial

그랩이 제공하는 금융 서비스다. 그랩은 2017년 싱가포르에서 모바일결제 서비스인 '그랩페이Grab Pay'를 출시하면서 핀테크 산업에 진출했다. 그랩페이는 카카오페이와 유사한 선불식 충전 서비스로, 해당 앱을 소지하고 있으면 현금이나 신용카드를 지참하지 않아도 온·오프라인 매장에서 모바일로 결제가 가능하다. QR 코드를 인식하는 방식으로 결제가 이루어지고, 충전 절차도 직관적이기 때문에 쉽게 사용할 수 있는 편이다.

그랩은 그랩페이 이외에도 다양한 금융 서비스를 제공한다. 그랩택시와 그랩푸드를 통해 확보한 수많은 고객 접점 및 고객 데이터

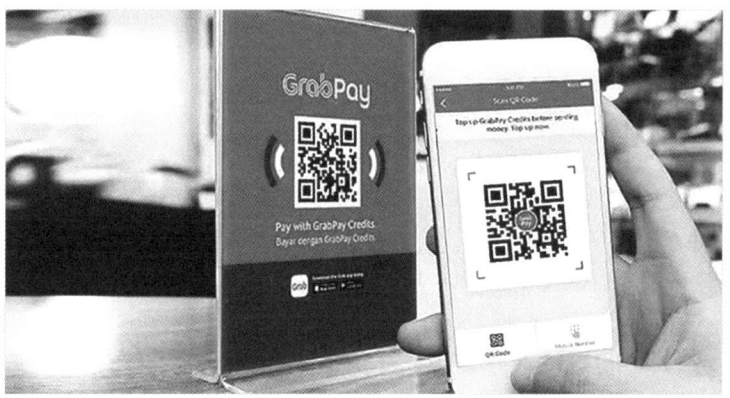

그랩페이 서비스 예시 • 출처: 그랩 홈페이지

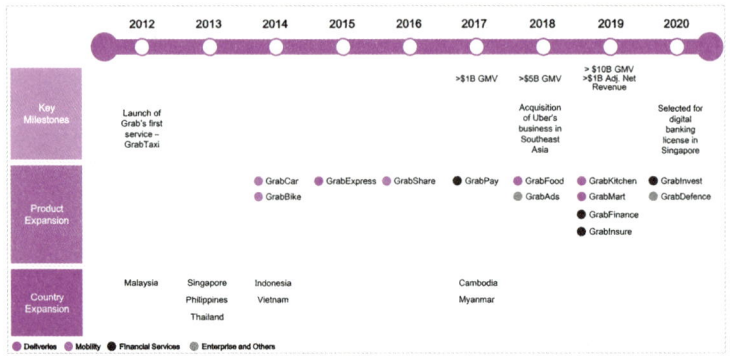

그랩 서비스의 변천사 • 출처: 그랩 IR 자료

를 활용하여 대출 서비스, 보험 서비스, 자산운용 서비스 등을 제공하고 있다. 관련 매출은 2020년 기준 약 2천억 원 수준이지만, 회사가 미래 주요 사업으로 구분하고 지속적으로 드라이브를 걸고 있는 만큼 향후 성장이 더욱더 기대되는 영역이다.

그랩과 우버의
최대 주주는 누구인가?

그랩의 주요 인력 및
주주 구성

그랩은 하버드 경영대학원 출신 앤서니 탄을 중심으로 미국 유학 경험이 있는 현지 인력들에 의해 전문적으로 경영되고 있다.

탄과 함께 그랩을 공동 창업한 '후이링 탄Hooi-Ling Tan'은 컨설팅사 맥킨지를 거쳐 세일즈포스의 전략실에서 근무한 후 본격적으로 그랩 사업에 뛰어들었다. 회사의 또 다른 중역 중 한 명은 바로 MIT

출신의 '밍 마Ming Maa' 대표다. 2016년 10월에 그랩에 합류한 그는 싱가포르 본사에서 회사의 전략적 파트너십 및 투자 등을 총괄하고 있다. 미국계 투자은행인 골드만삭스 등에서 재무 전문가로 일했으며, 그랩에 합류하기 전에는 소프트뱅크에서 모빌리티 및 전자상거래 분야의 투자를 담당했다.

이어서 그랩의 주주 구성을 살펴보자. 흥미롭게도 그랩의 2대 주주는 모빌리티 세계 1위 기업이자 한때 경쟁사였던 우버이다. 2021년 하반기 기준으로 최대 주주는 모빌리티 플랫폼에 공격적으로 투자를 집행한 소프트뱅크다. 이 외에도 일본의 대표 자동차 기업인 토요타 등이 주요 주주로 있으며, 국내 기업으로는 SK, 현대차, 미래에셋, 네이버, 신세계 등이 그랩의 지분을 소유하고 있다(2021년 12월 기준).

우버의 주요 인력 및 주주 구성

우버의 키 맨Key man은 역시 앞서 언급한 다라 코스로샤히 대표다. 여행 서비스 기업인 익스피디아 대표였던 코스로샤히를 중심으로 팀이 구축되어 있다.

우버는 에어비앤비, 구글 등을 제치고 '가장 실력 있는 사람들이 가는 회사' 1위에 꼽힌 바 있다. 실제로 C-레벨(각 부문별 최고책임자)들의 프로필은 상당히 화려하다. 우버의 CPO(최고제품책임자)인 '선딥 자인Sundeep Jain'은 UC버클리대학교에서 컴퓨터공학을 전공한 엔지니어다. 졸업 후 '아케바테크'라는 스타트업을 창업하여 매각했고, 이후에는 징가와 구글을 거쳐 우버에 합류했다. 우버에서는 데이터를 기반으로 회사의 서비스와 제품을 고도화하는 역할을 담당하고 있다.

우버의 재무 업무를 총괄하는 CFO(최고재무책임자)는 한국계 미국인 '넬슨 채Nelson Chai'다. 미국 펜실베니아대학교 졸업 후 투자은행에서 근무한 전형적인 '재무통'인데, 뱅크오브아메리카의 아시아 지

Top Institutional Holders				
Holder	Shares	Date Reported	% Out	Value
SB Investment Advisers (UK) LTD	129,116,061	Jun 29, 2021	6.85%	6,471,296,977
Morgan Stanley	125,630,483	Jun 29, 2021	6.67%	6,296,599,807
FMR, LLC	82,399,552	Jun 29, 2021	4.37%	4,129,865,546
Vanguard Group, Inc. (The)	80,742,670	Jun 29, 2021	4.28%	4,046,822,620
Public Investment Fund	72,840,541	Jun 29, 2021	3.87%	3,650,767,914
Blackrock Inc.	66,833,543	Jun 29, 2021	3.55%	3,349,707,199
Jennison Associates LLC	45,325,448	Jun 29, 2021	2.41%	2,271,711,453
Sands Capital Management, LLC	33,446,123	Jun 29, 2021	1.77%	1,676,319,684
State Street Corporation	30,833,251	Jun 29, 2021	1.64%	1,545,362,540
JP Morgan Chase & Company	25,590,663	Jun 29, 2021	1.36%	1,282,604,029

우버의 주요 주주(2021년 기준) ・출처: Yahoo Finance

역 대표까지 맡은 인물이다.

우버의 주요 인력들을 살펴보면 '도전'보다는 '안정'이라는 키워드가 먼저 떠오른다. 젊은 인재들을 중역에 배치하여 공격적으로 사업을 확장하고 있는 그랩과 달리, 이미 시장에서 인정받은 검증된 리더십을 중심으로 회사를 안정적으로 운영하고자 하는 대표의 의지가 느껴지는 팀 구성이다.

2021년 하반기 기준으로 우버 지분의 약 75%는 기관들이 소유하고 있다. 주요 주주로는 소프트뱅크, 모건스탠리, 뱅가드, 블랙록, JP모건 등이 있다. 이 외에도 약 1,400개의 기관이 우버의 주식을 보유하고 있다. 2019년에 뉴욕증권거래소에 상장하면서 기관이 차지하고 있는 지분의 비중이 커진 상황이며, 임직원이 보유한 주식은 약 0.5% 수준인 것으로 파악된다. 회사의 최대 주주였던 소프트뱅크는 2021년 보유하고 있던 지분의 다수를 매각해 그 비중이 큰 폭으로 하락했지만, 여전히 회사의 최대 주주로 남아 있다.

그랩과 우버의 주주명부를 보면 '소프트뱅크'라는 공통분모가 있다. 소프트뱅크의 존재는 '그랩 vs. 우버'를 이해하는 데 있어 매우 중요한 키워드이다. 소프트뱅크 손정의 회장이 그린 큰 그림은 무엇이었을까? 이어지는 Part 2에서 같이 얘기해도보록 하자.

PART 2
소프트뱅크, 그랩과 우버의 운전대를 잡다

손정의 회장, 그리고 소프트뱅크가 탐내는 공유경제

그랩과 우버에 베팅한 손정의 회장

'동양의 빌 게이츠', '아시아의 워런 버핏', '벤처투자의 거물'. 모두 손정의 회장을 묘사하는 수식어다. 손정의 회장은 재일교포 3세로 일본 최대 IT 투자 기업 '소프트뱅크'를 일군 입지전적 인물이다. 소프트뱅크는 약 110조 원 규모의 기술투자펀드를 운영한다. 핵심 포트폴리오로는 중국의 거대 온라인 플랫폼 '알리바바', 영국 반도체 설계 회사

'ARM', 한국의 '쿠팡' 등이 있다. 손 회장은 '정보 혁명으로 사람을 행복하게 한다'는 이념 아래 소프트뱅크를 창립해, 아시아를 넘어 세계를 제패한 IT 거인이 됐다.

손 회장은 열여섯 살에 학교를 중퇴하고 미국으로 유학을 떠났다. 창의력과 독창성을 중시하는 미국의 교육 시스템 안에서 새로운 발명품을 만들고 창업 아이템을 마음껏 고민하는 청소년기를 보냈다. 미국 UC버클리대학교 재학 당시에는 하루 한 건씩 1년 동안 발명을 하겠다는 다짐을 하고, 매일 5분씩 하루도 빠짐없이 발명품 아이디어를 짜는 행위를 습관화했다. 그러다 '음성 장치가 달린 다국어 번역기' 발명품 원형을 만들었고, 이 발명품을 샤프전자에 약 1억 엔에 팔아 큰돈을 벌었다. 이를 자본금으로 하여 벤처 회사를 창업했고 현재의 소프트뱅크를 일구게 됐다.

"20대에는 회사를 세우고 세상에 나의 존재를 알린다. 30대에는 최소 1천억 엔의 자금을 모은다. 40대에는 조 단위 규모의 중대한 승부를 건다. 50대에는 사업을 완성한다."

손 회장은 열아홉 살에 세운 '인생 50년 계획'을 실제 현실로 만들 정도로 실행력이 뛰어나고 긴 안목을 가진 인물이라 할 수 있다.

시간의 프레임을 50년까지 늘려서 고민할 만큼 미래지향적인 사람인 그가 그랩과 우버를 선택했다. 그리고 수조 원에 달하는 금액을 베팅했다. 그의 머릿속에는 어떤 그림이 그려졌을까? 그가 생각하는 차량공유 플랫폼의 끝판왕은 어떤 모습을 하고 있을까?

물론 손정의 회장도 사람이기에 모든 투자에 성공할 수는 없다. 특히 모험자본의 성격이 강한 벤처투자는 더더욱 그러하다. 하지만 그랩과 우버라는 모빌리티 플랫폼을 비상장 단계에서 발굴하고 투자하여 IPO(기업공개)까지 성공시킨 그의 결단력에 주목하면서 이 두 회사를 유의 깊게 살펴볼 필요가 있다. 결과론적으로 봤을 때도 그랩과 우버는 이미 차량공유 플랫폼을 뛰어넘어 사용자들의 일상 속에 깊숙이 침투하는 슈퍼앱으로 진화하고 있다.

그랩과 우버의 교집합
'소프트뱅크'

앞서 언급했듯 손정의 회장의 소프트뱅크는 그랩과 우버를 관통하는 공통 키워드다. 양사가 IPO를 하기 전부터 공격적으로 벤처투자를 집행하며 초고속 성장을 도왔고, 현재까지도 양사의 주요 주주다.

소프트뱅크는 1980년대까지만 해도 유통 사업을 영위하는 일본의 로컬 중소기업이었다. 하지만 1990년대 이후 미국 야후Yahoo에 대한 투자를 시작으로 공격적인 M&A(인수합병)를 진행하면서 빠르게 몸집을 키워나갔고, 2010년대에 들어서는 한화 100조 원 규모의 펀드를 조성하며 IT 시장의 '큰손'으로 자리 잡았다. 소프트뱅크그룹이 발표한 2021년 3월 결산은 순이익 약 5조 엔(한화 약 50조 원)이라는 놀라운 수치였다. 매출액은 약 5.6조 엔이었는데 순이익과 매출액의 차이가 크지 않은 전형적인 투자회사의 모습이다.

손정의 회장과 소프트뱅크의 주요 투자 분야 중 하나가 바로 '공유경제'였고, 그랩과 우버는 공유경제를 대표하는 모빌리티 스타트업이다.

공유경제란 무엇인가

'공유'라는 단어는 우리에게 다소 낯선 개념이다. '소유'하는 행위가 더 익숙하기 때문이다. 이해를 돕기 위해 간단한 예를 들어보겠다. 우리가 가지고 있는 물건 중 자주 쓰지 않는 물건을 친구나 이웃에게 빌려준다고 생각해보자. 우리는 이 과정에서 원한다면 약간의 돈을 받을 수도 있을 것이다. 빌려 쓰는 입장에서는 물건을 새로 사는 것보다 적은 비용으로 원하는 물건을 쓸 수 있으니, 나름대로 서로가 윈윈win-win하는 구조다. 여기에 여러 사람들이 참여하게 되면 선택의 폭도 더 넓어진다. 물건을 나눠 쓰니 자원 절약도 가능하다.

그럼 이제 범위를 조금 더 넓혀보자. 집에서 놀고 있는 차량을 다른 사람에게 빌려주고 금전적인 보상을 받을 수 있다면 어떨까? 우리가 휴가로 미국에 놀러 갈 때 힐튼과 같은 대형 호텔에 묵는 것 대신 비어 있는 가정집을 사용할 수 있다면 어떨까? 비싼 사무실 임대료를 혼자 부담하는 대신 오피스 공간을 다른 기업들과 함께 쓰면 불필요한 비용을 절감할 수 있지 않을까?

인터넷과 모바일 생태계가 빠르게 발전하면서 이 같은 일들은 이미 현실이 되었을 뿐 아니라 엄청난 규모의 산업으로 성장했다. 자동차를 한 대도 만들지 않는 차량공유 서비스 회사, 우버의 기업가치는 약 100조 원 수준으로 성장했는데 이는 우리나라 대표 기업이자 전통적 자동차 제조 업체인 현대자동차 시가총액의 약 2배에 달하는 수치다. 온라인 숙박공유 업체인 에어비앤비Airbnb는 숙박시설 하나 없이 약 110조 원의 기업가치를 달성하며 전 세계 1위 호텔 체인인 힐튼을 추월했다. 공유 사무실을 제공하는 위워크Wework는 내부 경영진 문제로 위기를 겪었지만, 여전히 전 세계 83개 이상의 도시에서 사업을 영위 중이고 약 10조 원 수준의 기업가치를 인정받으며 뉴욕 증권거래소에 상장되었다.

이처럼 공유경제는 숙박 공간, 차량, 사무 공간 등 각종 유무형의 재화 및 서비스를 대상으로 한다. 공유경제에 대한 명확한 사전적 정의는 아직 부재하지만, 국내 일부 공공 기관에서는 공유경제를 '공간·물건·재능·경험 등의 자원을 함께 사용함으로써 주민의 편의를 증진하고 사회적·경제적·환경적 가치를 창출하는 경제활동'으로 정의하고 있다. 뉴욕대 스턴 경영대학원 교수인 아룬 순다라라잔Arun Sundararajan은 공유경제를 '여분이 있는 물품을 이용하려는 행위' 또는 '유통이 되지 않는 영역에 경제적인 가치를 부여하는 것'이라고 구분했다.

공유경제를 하나의 키워드로 정리하면 결국 P2PPeer To Peer, 개개인의 연결로 귀결된다. 기존의 일반적인 비즈니스모델에서는 기업이 개인에게 물품과 서비스를 제공하는 구조였다고 한다면, 공유경제 시스템에서는 개인이 기업의 역할을 대신하게 된다. 즉 개인 간의 연결을 통해 서비스가 이루어지는 것인데, 기업은 여기서 주로 마켓플레이스를 제공하는 플랫폼 사업자의 역할을 한다.

에어비앤비는 이러한 공유경제를 잘 보여주는 사례다. 에어비앤비의 창업자인 '브라이언 체스키'와 '조셉 게비아'는 샌프란시스코에서 열린 컨퍼런스에 참여하는 많은 디자이너들이 호텔을 구하지 못하는 모습을 보고, 본인들의 아파트 일부를 숙박으로 빌려주는 대가로 돈을 받겠다는 아이디어를 냈다. 여행객들은 둘의 아이디어를 호평했다. 나쁘지 않은 퀄리티에 호텔보다 저렴한 비용으로 숙식을 해결할 수 있었기 때문이다. 이 일을 계기로 이들은 '네이선 블레차르지크'라는 프로그래머와 함께 웹사이트를 만들어서 자신의 남는 방을 공유하기를 원하는 개인들과 방을 빌리고 싶어 하는 관광객들을 연결해주는 사업을 시작했다.

이후 에어비앤비는 빠르게 성장했고 회사는 현재 전 세계 190여 개국에서 성공적으로 운영되고 있다. 잉여 자원 공유를 통해 효용을 극대화할 수 있다는 사실을 잘 보여준 사례다. 여기서도 서비스를 제공하는 주체는 호텔과 같은 기업이 아닌 '개인'이다. 에어비앤비도 우버와 같이 개인과 개인을 연결해주는 역할을 하는 것이다.

그럼 이제 다시 우버로 돌아와보자. 회사는 모바일 앱을 통해 운전자와 승객을 연결한다. 여기서 운전자는 전문 택시기사일 필요가 없다. 실제로 뉴욕에서 회계사로 일하는 필자의 친구는 MBA 등록금을 마련하기 위해 퇴근 후에는 우버 드라이버가 된다. 파트타임으로 일하고 있는데 투자하는 시간에 비해 수입이 제법 쏠쏠하다고 한다. 필자가 샌프란시스코 여행 중에 우연히 만난 드라이버는 미군 중령으로 전역한 후 소일거리로 우버를 하고 있었다. 이들은 모두 전문 택시가 아닌 본인들의 차량으로 직접 서비스를 제공한다. 이 과정에서 우버라는 기업은 그저 개인들을 이어주는 플랫폼을 제공하고 그 대가로 사용료를 받을 뿐이다.

이처럼 공유경제에서는 서비스를 생산하는 주체가 '기업'이 아니라 '개인'이 된다. 이를 통해 특정 직장에 속하지 않은 형식의 고용이 창출된다. '보이지 않는 직업 Invisible Work'이 만들어지는 것인데 이를 '긱 경제 Gig Economy'라고 부르기도 한다. 앞에서 언급한 에어비앤비의 경우 회원으로 등록된 사람이 수백만 명에 달하고, 그랩과 우버도 수백만 개의 보이지 않는 일자리를 창출하고 있다.

최근 들어 미국과 영국 등 선진국을 중심으로 플랫폼 노동자들에게도 전통적인 근로기준법의 기준을 적용하고자 하는 움직임이 있다. 이러한 규제에도 불구하고 공유경제를 지향하는 플랫폼 기업들은 더 많은 사용자와 파트너들을 모으며 꾸준히 성장하는 모습을 보이고 있다.

소프트뱅크와
공유경제

소프트뱅크는 이런 공유경제 플랫폼에 베팅했고 큰 수익을 얻을 수 있었다. 우버는 2019년에 뉴욕증권거래소에 상장했고 그랩은 2021년에 나스닥 상장에 성공했다. 혹자는 소프트뱅크의 수익률이 예전만 못하다고 주장하지만 벤처투자는 최근 1~2년만 놓고 평가해서는 안 된다. 일반적으로 짧게는 3년, 길게는 10년까지 생각하며 투자를 진행하는 것이 VC투자의 본질이다. 따라서 2021년 12월 그랩 상장 직후 주가가 20% 떨어져서 "손정의가 체면을 구겼다"와 같은 기사는 걸러서 볼 필요가 있다.

    소프트뱅크를 맹목적으로 찬양하는 것은 아니다. 하지만 글로벌 경제에 지대한 영향력을 미치고 있는 소프트뱅크와 손정의 회장이 어떤 곳을 바라보고 있는지는 독자들도 함께 고민해볼 가치가 있다고 생각한다. 소프트뱅크가 주요 투자 분야 중 하나로 공유경제 플랫폼을 꼽았다는 점, 그리고 본 책에서 다루고 있는 그랩과 우버가 공유경제 플랫폼을 대표하는 스타트업이라는 점은 상당히 많은 메시지를 내포하고 있다.

NYSE와 NASDAQ의
차이점

앞에 내용에서 잠깐 언급되었듯이 그랩과 우버는 모두 상장사이다. 양사는 미국 시장에서 IPO를 진행하였으며 우버는 뉴욕증권거래소, 그랩은 나스닥에 상장했다. 생각보다 많은 분들이 뉴욕증권거래소와 나스닥의 차이점에 대해서 헷갈려 한다. 이 둘은 잘 알아두면 미국 주식을 볼 때 도움 되는 상식이기에 간단하게 정리해보고자 한다.

미국 내 주식거래소는 크게 세 곳으로 나뉜다. 가장 역사가 긴 곳이 바로 뉴욕증권거래소NYSE, New York Stock Exchange다. 1792년에 설립된 거래소로 전통의 강자인 제너럴 일렉트릭, 보잉, 맥도날드, 포드와 같은 회사들이 상장되어 있다. 한국으로 따지면 코스피와 비슷한데, 그만큼 상장 조건과 기준이 까다롭고 엄격하다(유지 비용도 많이 드는 편이다).

그다음은 그랩이 최근 상장한 나스닥NASDAQ, National Association of

Securities Dealers Automated Quotations이다. 1971년에 개장되어 뉴욕증권거래소보다는 역사가 짧은 편이다. 뉴욕증권거래소와 달리 사람이 직접 주식 매매를 하지 않고 처음부터 자동거래 시스템을 적용했다. 나스닥에는 아마존, 애플, 테슬라, 구글과 같은 빅테크 기업들이 상장되어 있다. 나스닥은 뉴욕증권거래소보다는 상장 기준이나 유지 조건이 덜 까다로운 편이다. 테크 스타트업들이 빠르게 자금 조달을 하기 위한 창구로 많이 활용되었고, 지금은 미국 기업 시가총액 Top 10 중 대다수가 나스닥 상장 기업이다. 한국 기준으로는 코스닥과 유사한 개념이다.

이 외에도 아메리카증권거래소AMEX, American Stock Exchange가 운영되고 있는데, 이곳은 앞서 언급한 2개의 거래소에 비해 상장이나 유지 조건이 가장 낮다. 1920년대에 뉴욕증권거래소 밖에서 이루어지던 노상 시장 거래를 조직화하여 만들어진 거래소이다. 소규모 기업, ETF, 뮤추얼펀드Mutual fund 위주로 구성되어 있다.

우버의 경우 테크 기업이라는 이미지가 강해서 나스닥 상장을 예상한 이들이 많았지만 최종적으로는 뉴욕증권거래소를 선택했다. 여러 이유가 있었지만 북미 시장에서 경쟁하고 있는 '리프트Lyft'가 나스닥으로 방향을 잡은 것이 의사결정에 가장 큰 영향을 줬을 것이라는 분석이 많다.

'동남아판 우버' 그랩,
원조를 삼키다

**동남아시아의
모빌리티 시장**

그랩과 우버는 원래 경쟁사였다. 두 회사 모두 소프트뱅크의 포트폴리오 업체라는 연결고리가 있었지만, 동남아시아 모빌리티 시장을 놓고 치열한 경쟁을 하고 있었다.

그러던 중 2018년 3월 시장의 판도가 바뀌었다. 그랩이 우버의 동남아시아 사업 부문을 인수한다고 공식 발표했기 때문이다. 그랩은 우버의 동남아 시장 내 차량공유 서비스와 음식 배달 사업 전부를 인수했고, 우버는 이에 대한 대가로 합병 회사의 지분 27.5%를 확보했다. 합병 당시의 기업가치는 약 60억 달러(한화 약 6.6조 원) 수준이었다. 이는 당시 기준으로 동남아시아에서 이루어진 최대 규모의 인수합병(M&A) 거래였다.[*] 상당히 놀라운 뉴스였지만 맥락을 살펴보면 M&A가 양사 모두에게 합리적인 선택이었음을 알 수 있다.

일단 그랩의 관점에서는 마다할 이유가 없는 옵션이었다. 우버 사업을 인수함으로써 동남아 시장 내 압도적인 1위 업체로 거듭날 수 있는 기회였기 때문이다. M&A가 이루어지기 전만 해도 고젝Gojek과 같은 경쟁사들과 큰 차이가 없거나 일부 지역에서는 점유율이 떨어지는 상황이었다. 하지만 동남아 지역의 우버 사업 인수를 통해 빠르고 효율적으로 시장을 확장할 수 있을 뿐만 아니라, 우버의 유무형 자산의 일부를 인수함으로써 계획되어 있던 지출(마케팅 비용 등)의 상당 부분을 절감할 수 있었다. 실제로 그랩은 우버 합병 이후 차량 호출 분야에서 동남아 시장점유율 70% 이상을 확보하며 선도적 지위를 확보할 수 있었다.

---

[*] 현재 기준으로는 모빌리티 플랫폼 '고젝'과 전자상거래 기업 '토코피디아'의 2021년 인수합병이 지금까지 동남아 시장에서 가장 큰 거래 케이스로 기록되고 있다.

우버의 입장에서도 나쁜 선택이 아니었다. 2018년 당시 회사의 최우선 순위는 성공적인 IPO 진행이었다. 이를 위해서는 영업손실이 개선되는 모습을 시장에 보여줄 필요가 있었고, 동남아시아 시장에서 큰 폭의 적자를 기록하고 있었던 만큼 해당 지역을 과감하게 포기하는 전략은 나름의 의미가 있었다. 실제로 우버의 CEO 코스로샤히는 언론사와의 인터뷰를 통해 다음과 같이 얘기했다.

"우리의 글로벌 전략에서 큰 위험 중 하나는 너무 방대한 전선에서 수많은 경쟁자들과 싸워야 한다는 것이다. 우버는 그랩과의 인수합병을 통해 우선순위를 재정비하고 우버의 주요 시장에 집중할 수 있는 기회를 얻게 되었다. (동남아시아와 같이) 크고 중요한 시장에서 유의미한 지분까지 확보하면서 말이다."

그랩과 우버의 인수합병

결과적으로 그랩은 동남아 시장 내 압도적인 모빌리티 플레이어로 부상했고, 우버는 2019년 상장에 성공했다. 인수합병 당시 양사가 구상한 그림들이 상당 부분 현실화되었음을 알 수 있다.

실은 이 과정에서 필자가 흥미롭게 본 내용은 바로 그랩 대표 밍마의 발언인데, 그는 한 인터뷰에서 "이번 합병 건은 양사의 독립적인 결정에 따른 것으로 손정의 소프트뱅크그룹 회장의 전폭적인 지지를 받았다"고 말했다.

이에서도 볼 수 있듯 그랩과 우버의 M&A에서 손정의 회장과 소프트뱅크가 상당히 큰 역할을 한 것으로 파악된다. 그럴 수밖에 없는 것이, 합병 전부터 소프트뱅크는 양사의 핵심 주주였다. 이 말인즉슨 손정의 회장의 동의 없이 이런 큰 그림을 그리는 것은 불가능하다는 뜻이다. 오히려 손정의 회장이 포트폴리오 업체 간 경쟁을 최소화하면서 시장점유율을 키우기 위해 어느 정도 '교통정리'를 했다는 생각을 지울 수 없다.

실제로 우버는 2016년에도 중국 시장 사업권을 중국판 우버인 '디디추싱'에 매각한 바 있는데, 공교롭게도 디디추싱 역시 소프트뱅크의 포트폴리오 회사 중 하나였다. 우연이라고 보기에는 무리가 있다. 주페이 마 홍콩중문대 교수는 "소프트뱅크와 손정의 회장의 전략은 각 지역 최고의 모빌리티 플랫폼에 투자하는 것"이라고 말했다. 중국계 VC인 GGV캐피탈 한스 퉁 매니저는 손정의 회장이 글로벌 모빌리티 서비스의 패권을 갖고 싶어 한다고도 말한 바 있다.

Think like Softbank.

소프트뱅크처럼 생각하라.

그랩과 우버의 과거와 현재를 이해하는 가장 좋은 방법 중 하나이지 않을까?

소프트뱅크는 어떤 스타트업에 투자하는가?

"산업혁명에 자본을 공급한 댄 로스차일드처럼, 정보혁명 시대의 로스차일드가 되고 싶다."

손정의 회장이 2020년 결산설명회에서 했던 말이다. 손 회장은 본인의 시간 중 97%를 비전펀드Vision Fund에 쓰고 있다고 말했는데, 실제로 2021년 3월 기준 소프트뱅크그룹 순자산가치 중 통신 사업의 비중은 7.7%에 불과하고, 나머지 90% 이상은 회사가 투자한 포트폴리오 업체들의 보유 가치다. 그중 알리바바를 제외하고 가장 비중이 큰 것이 앞서 언급한 소프트뱅크의 비전펀드다.

비전펀드는 2021년 3월 기준으로 누적 196개의 스타트업에 약 106조 원의 투자를 집행했다. 총 기업가치는 약 174조 원이고 약 68조 원의 순이익을 창출한 것으로 파악된다. 전례를 찾아보기 어려울 정도로 큰 규모의 펀드인데, 〈매일경제〉의 한 기사에 따르면 이는 실리콘밸리가 지난 20년간 투자한 금액과 유사한 수준이라고 한다.

소프트뱅크의
포트폴리오 교통정리

그렇다면 이런 초대형 펀드를 운영하는 소프트뱅크가 주목하고 있는 투자 섹터는 어떤 곳들이 있을까?

대표적인 분야로는 그랩과 우버가 속한 공유경제 플랫폼이 있다. 이 외에도 인공지능, 자율주행, 사물인터넷, 핀테크와 같은 기술 기반 기업들에 베팅하고 있다. 반도체 설계 회사인 'ARM'을 '엔비디아'에 매각하여 약 10조 원의 차익을 낸 사례가 대표적이다. 최근에는 헬스테크 분야의 투자 비중도 늘리고 있는 모습이다. 지역적으로 봤을 때는 북미 지역 회사 93개, 아시아 48개, 기타 지역(유럽, 중동 등) 22개로 분포되어 있다. 한국 스타트업들도 5개 정도 있는데, 잘 알려진 투자 건으로는 나스닥에 상장한 '쿠팡'의 사례가 있다.

비전펀드의 투자 실패 사례도 있다. 사무실 공유 서비스 '위워크'는 IPO에 성공했지만 앞서 언급했듯 내부 경영진 문제와 개선되지 않는 적자 폭 등으로 인해 과거보다 낮은 기업가치를 기록하고 있다. 2021년 6월 뉴욕증권거래소에 상장된 중국판 우버 '디디추싱'도 중국 정부의 강한 압박을 받으며 주가가 큰 폭으로 하락했다.

하지만 그럼에도 불구하고 앞서 얘기했듯 비전펀드 전체를 놓고 봤을 때는 여전히 견고한 모습을 보이며 글로벌 벤처투자를 선도하고 있다.

전략적인 측면에서 봤을 때 소프트뱅크는 압도적인 시장점유율을 기록할 수 있는 업계 1위 플레이어라면 기업가치가 높아도 과감하게 투자를 진행하는 모습을 보이고 있다. 실제로 비전펀드를 운용하는 심사역들과 이야기를 해보면 회사가 유니콘(1조 원 이상 가치의 비상장 스타트업)에 투자하여 5~7년 사이에 데카콘(10조 원 이상 가치의 비상장 스타트업)으로 성장할 수 있는 기업들을 찾고 있음을 알 수 있다.

이런 맥락에서 소프트뱅크가 영업이익보다는 거래액·매출액 같은 탑라인Top-line 숫자들을 더 중요하게 생각하고 있음을 알 수 있다. 특히 플랫폼 기업의 경우 시장 내 압도적인 1위 업체로 자리 잡게 되면 수익률을 개선할 수 있는 방법들이 여러 존재하고, 그렇지 않더라도 증권가에서는 이미 거래액이나 매출액을 기준으로 기업가치를 평가하는 분위기가 형성되고 있어서 IPO에 큰 문제가 없기 때문이다. 쿠팡의 경우도 소프트뱅크가 투자할 당시 큰 폭의 적자를 기록하고 있었지만 3조 원이라는 기업가치를 인정받았고, 결국 나스닥 상장에 성공하면서 60조 원이 넘는 밸류에이션을 기록한 바 있다(소프트뱅크와 같은 VC들이 어떤 방식으로 기업가치를 평가하는지는 이어지는 부록에서 간단하게 설명해보도록 하겠다).

그랩과 우버도 이와 비슷한 프레임에서 투자가 이루어졌다고 볼 수 있다. 양사는 소프트뱅크가 투자를 검토할 당시 영업 적자를 기록하고 있었다. 하지만 두 회사 모두 각자가 집중하는 시장에서 압도적인 1위 플랫폼이 될 수 있는 가능성을 보여줬다. 차량공유 플랫폼으로 수많은 고객 접점을 확보하면 그 위에 배달, 핀테크 등 여러 형태의 사업모델을 붙일 수 있다는 메리트도 있었을 것이다.

특히 그랩과 우버의 경우는 소프트뱅크가 단순 '재무적 투자자'를 넘어 '전략적 투자자'의 역할까지 수행했다. 두 회사가 치열하게 경쟁하고 있는 동남아시아 지역을 그랩 중심으로 재편하고 디디추싱에게 중국 사업을 몰아주면서 '미국 = 우버', '동남아시아 = 그랩', '중국 = 디디추싱'이라는 큰 그림을 그린 것이다.

VC들의 스타트업
기업가치 평가 방법

VC는 Venture Capital의 줄임말로 스타트업에 투자하는 기관투자자들을 뜻한다. 그랩과 우버가 고속 성장을 하기 위해서는 막대한 규모의 '모험자본'이 필요했는데, 이런 자본을 공급했던 기관들이 바로 소프트뱅크와 같은 VC들이다(필자 역시 그랩이 상장하기 전에 투자한 VC 중 한 명이었다). 이들은 회사의 미래가 불투명한 사업 초기 단계부터 투자를 집행한다. 불확실성이 높은 만큼 리스크가 크지만, 그랩과 우버만큼 성장한다면 기관투자자들에게 상상을 초월하는 수준의 수익을 안겨준다.

하지만 비상장 주식들은 상장 주식만큼 정보가 없고 활용할 수 있는 데이터들이 제한적이기 때문에 적정 가치를 평가하는 것이 무척 어렵다. 큰 폭의 영업손실을 기록하고 있고 매출도 크지 않은 사업 초기 단계에서는, 전통적인 평가 방법을 통해서 가치 평가를 하는 것이 불가능에 가깝다고 보면 된다. 사업이 어느 정도 성장해도 현금

흐름Cashflow이 작거나 마이너스인 경우가 많기 때문에 증권사들이 많이 사용하는 '현금흐름할인법DCF, Discounted Cash Flow Method'은 활용하기 어렵다. 필자도 수백억 원의 벤처투자를 집행했지만 비상장 회사 투자 시 DCF를 사용한 횟수는 손에 꼽을 정도였다.

그렇다면 이런 스타트업들의 초기 단계에서는 어떤 기준을 가지고 기업가치를 측정하는 것일까? 현업 VC 심사역들이 가장 많이 활용하는 가치 평가 방법Valuation Methodology을 간단하게 정리해봤다.

1. 유사기업 비교를 통한 직접적 기업가치 산출법

첫 번째 방법은 유사한 비상장 스타트업을 찾아서 주요 지표들을 비교하며 기업가치를 도출하는 것이다. 백문이 불여일견이니 아래 예시를 바로 살펴보자.

스타트업 가치 평가 사례

스타트업 A
매출 150억 원
영업손실 -12억 원
DAU 55만 명

Post-Money 약 500억 원

스타트업 B
매출 145억 원
영업손실 -10억 원
DAU 56만 명

기업가치 ××억 원

해당 사례는 필자가 실제 검토한 회사의 지표들이다. 양사 모두 플랫폼 서비스를 운영하고 있었고, 필자는 당시 스타트업 B의 기업가치 산정을 위해서 고민하는 상황이었다. 스타트업 A와 스타트업 B의 사업모델은 거의 붙여 넣기 수준으로 유사했다. 보다시피 재무제표도 비슷했고 DAU_{Daily Active Users, 하루 동안 서비스를 사용한 순이용자 수}도 거의 같았다. 다만 스타트업 A는 필자가 스타트업 B를 검토하기 한 달 전에 투자 라운드를 마무리했고 Post-Money(투자 유치 후 기업가치) 500억 원을 기록했다.

자 그렇다면 여기서 스타트업 B를 평가할 때 사용할 수 있는 기준점은 어떻게 잡으면 될까? 답은 단순하다. 500억 원이다. 실제로 스타트업 B와 얘기할 때 500억 원을 기준으로 협상을 시작했다. 하지만 최종적인 기업가치는 Post-Money 기준 600억 원으로 측정되었는데, 그 이유는 스타트업 B의 개발팀이 스타트업 A의 개발팀보다 더 뛰어나다는 판단을 했기 때문이다.

이처럼 외형적으로 유사한 지표를 가지고 있는 스타트업들을 찾아서 공식적으로 기록된 기업가치를 활용하여 밸류에이션을 진행하는 것이 가장 일반적인 방법이라고 보면 된다. 다만 이 사례에서 스타트업 B의 개발팀과 같이 보이지 않는 무형의 경쟁력 등을 감안하여 플러스 또는 마이너스를 하는 것이다.

그랩의 경우는 사업 초기부터 '고젝'과 경쟁해왔고, 미국에는 '우버'라는 매우 중요한 벤치마크가 있었다. 자연스럽게 고젝과 우버의 밸류에이션이 그랩의 기업가치를 선정하는 데 중요한 지표가 될 수밖에 없었다.

2. 유사기업 비교를 통한 상대가치 평가법

두 번째 평가법은 전통적인 기업가치 측정 기법으로도 많이 활용된다. 방법은 생각보다 단순하다. 마찬가지로 아래 예시를 살펴보자.

스타트업 가치 평가 방법

모빌리티 회사(예시)

	EV/EBITDA	EV/EBIT	PSR	PBR
SK네트웍스	8.9x	25.7x	0.2x	0.7x
AJ렌터카	3.9x	30.6x	1.7x	1.2x
저스트잇	22.7x	30.6x	5.6x	NM
카카오	29.3x	55.1x	3.7x	6.6x
Median	15.8x	30.6x	3.6x	1.5x

타깃 기업 정보
- 국내 모빌리티 회사
- 작년 매출(Revenue) 1,000억 원 ➡ 1,000억 원 × 3.6배 = 3,600억 원?

국내 모빌리티 회사들의 지표이며, 이해를 돕기 위해 숫자는 임의로 기입했다. 표에는 회사들의 PSR_{Price Sales Ratio, 주가매출비율}이 적혀 있는데, 이 숫자는 쉽게 얘기하면 '매출 주가를 주당 매출액으로 나눈 것'이다. 주식 가격이 주당 매출액보다 높으면 PSR은 1배 이상이고 낮으면 1배 미만으로 나온다. 위 예시에서 4개 회사의 PSR 중간값은 3.6배이다. 그리고 만약 VC들이 위에서 언급된 회사들과 유사한 모빌리티 분야의 스타트업을 검토한다고 한다면 PSR 3.6x를 기준으로 가치 평가를 할 수 있을 것이다.

사실 상장 주식을 분석할 때 가장 많이 사용하는 지표는 PER_{Price Earning Ratio, 주가수익비율}이다. 하지만 PER을 사용하려면 회사의 순이익이 플러스여야 하는데 비상장 스타트업의 경우 그런 경우가 생각보다 흔치 않다(그랩과 우버의 경우도 여전히 적자를 기록하고 있다). 이런 이유 등으로 스타트업의 가치를 평가할 때는 PER 대신 PSR을 더 많이 활용한다.

3. 핵심 인력의 가치를 기반으로 하는 밸류에이션 기법

만약 1, 2번과 달리 유의미한 지표가 없다면 어떤 방식으로 기업 가치를 측정할 수 있을까? VC들이 투자를 검토할 때 이런 경우가 생각보다 많다. 특히 극 초기 기업들의 경우 기술력만 있고 유의미한 사업 실적이 없는 케이스가 많기 때문이다. 그랩과 우버도 마찬가지였다. 이런 플랫폼들이 정상적으로 운영되기 전에는 어떤 방식으로 회사의 가치를 평가받고 자금을 조달하는지 함께 살펴보자.

일반적으로 극 초기 단계의 스타트업들은 '엔젤투자자$_{Angel\ Investor}$*' 또는 '엑셀러레이터$_{Accelerator}$**'를 통해 사업 자금을 확보하는 경우가 많다. 이때 기업가치를 측정하는 가장 중요한 요소는 바로 '창업팀의 역량'이다. 물론 사업모델의 매력도를 함께 보지만 사업의 방향성은 회사가 성장하면서 조정되는 경우가 빈번하다. 그렇기 때문에 어떤 문제를, 어떤 창업팀이, 어떤 방식으로 풀고자 하는지가 의사결정의 핵심적인 요소가 될 수밖에 없다. 특히 창업팀 멤버의 역량이 무척이나 중요한데, 검증받은 팀일수록 더 높은 기업가치를 부여받을 확률이 높다고 생각하면 된다.

한 가지 실례를 들면, 과거 필자가 검토한 테크 스타트업의 경우 시장에서 얘기하는 '특 A급 개발자'들이 5명이 있었고, 각 개발자당 10억 원 수준의 가치를 부여하여 50억 원(10억 원×5명)의 기업가치

---

* 벤처기업이 필요로 하는 자금을 개인 투자자들 여럿이 돈을 모아 지원해주고 그 대가로 주식을 받는 투자자
** 초기 창업 기업을 발굴해서 엔젤투자, 사업 공간 제공, 멘토링 등을 제공하는 기관

가 부여된 바 있다.

또는 이런 방식 대신 탑다운으로 기업가치가 결정되는 경우도 있다. 예컨대 국내외 대표적인 엑셀러레이터들을 살펴보면 일반적으로 5억~10억 원 사이에서 밸류에이션을 측정한다. 실리콘밸리에서는 20억 원 수준까지도 기업가치를 부여하는데 그 이상을 초과하는 경우는 많지 않다. 범위를 미리 정해놓고 회사의 사업모델과 창업팀의 역량 등을 종합적으로 고려해 밸류에이션을 결정한다고 보면 된다.

그랩과 우버도 처음부터 데카콘은 아니었다. 이들에게도 처음은 있었고 꽤나 긴 여정을 거치며 지금의 입지를 구축할 수 있었다. 그리고 그 과정 속에는 VC라는 동반자가 있었다. VC들이 어떤 관점에서 초기 스타트업들을 평가하는지 이해한다면 '그랩 vs. 우버' 완주에 한 발짝 더 가까이 갈 수 있을 것이다.

스타트업들은 왜 VC투자를 받는가?

그랩, 우버, 에이블리, 쏘카 등 국내외 유명 스타트업들의 상당수는 성장 과정에서 VC투자를 유치했다. 이제 막 회사를 시작한 초기 기업들도 마찬가지다. 미국의 실리콘밸리와 한국의 테헤란로에는 다수의 벤처투자기관들이 밀집되어 있는데, 이곳에는 VC들과의 미팅을 희망하는 창업자들이 늘 분주하게 움직인다. 스타트업들은 제한적인 자원을 효율적으로 사용할 수 있는 방법에 대해 고민한다. 불필요한 영역에 리소스가 반복적으로 투입되는 것은 소규모 조직에게는 큰 부담이다. 그럼에도 불구하고 스타트업의 대표들은 VC와 관련된 업무에 많은 시간과 정성을 쏟는다.

이유는 단순하다. '자금조달Financing'이 그만큼 중요하기 때문이다. 스타트업은 새로운 아이디어 혹은 기술을 기반으로 설립된 신생 기업이다. 혁신에 성공할 경우 큰 기대수익을 예상할 수 있지만 그만큼 높은 리스크를 동반한다. 하버드 경영대학원의 시카 고시 교수가

2천 개의 스타트업을 대상으로 진행한 조사에서는, 유의미한 수준의 매출을 발생시킨 스타트업들의 비중이 전체 모수의 5% 수준에 불과했다. 필자가 필드에서 느꼈을 때도 열에 아홉은 생존하지 못하거나 생존에 대한 진지한 고민을 하고 있는 상황이다.

스타트업이 추구하는 '혁신'은 하루아침에 이루어지지 않는다. 좋은 동료를 모으고 비전을 현실화할 수 있는 '시간'을 확보해야 한다. 이런 과정은 (스타트업의 성격마다 다르겠지만 일반적으로) 상당한 규모의 비용을 수반하는데, 이때 창업자들이 선택할 수 있는 가장 좋은 옵션 중 하나가 바로 '모험자본Venture Capital'을 조달하는 것이다. 특히 회사를 설립한 지 얼마 안 된 초기 기업들은 안정적인 현금흐름 창출이 매우 어렵기 때문에, VC들을 통해 투자 유치를 진행하는 것이 더욱더 중요하다.

VC투자 유치의 장점

여기에 더해 VC투자 유치는 다음과 같은 장점들이 있다. 첫째, 시장에 긍정적인 시그널Signal을 보낼 수 있다. 기관들은 나름의 방식을 통해 면밀히 회사를 검토하고 투자를 집행한다. 그렇기 때문에 VC로부터 투자 유치를 받았다는 사실은 해당 스타트업이 투자 심의 과정에서 본인들의 가치를 증명했음을 뜻한다. 특히 시장에서 잘 알려진 기관으로부터 투자를 유치할 경우 이런 효과는 더욱더 강력해진다.

둘째, VC를 통해 다양한 밸류애드Value-Add를 받을 수 있다. 기관들은 일반적으로 수십 개, 많게는 수백 개의 포트폴리오를 가지고 있다. VC는 본인들의 포트폴리오 회사들과 교류하면서 스타트업 운영에 대한 노하우와 주요 시장에 대한 핵심 정보를 확보하고 방대한 인적 네트워크를 구축한다. VC에게 투자 유치를 받은 스타트업들은 이런 정성적인 요소들에 대한 접근성을 제공받으며 더 효율적으로 회사를 성장시킬 수 있다.

셋째, 성공적인 회수Exit를 위한 든든한 파트너를 확보하게 된다. 대부분의 창업자들은 회수 경험이 없지만, VC들은 전문적인 투자기관이기 때문에 얘기가 다르다. 실력 있는 VC들은 M&A를 위해 잠재적 매수자를 연결해주기도 하고, IPO를 고려하는 스타트업들에게는

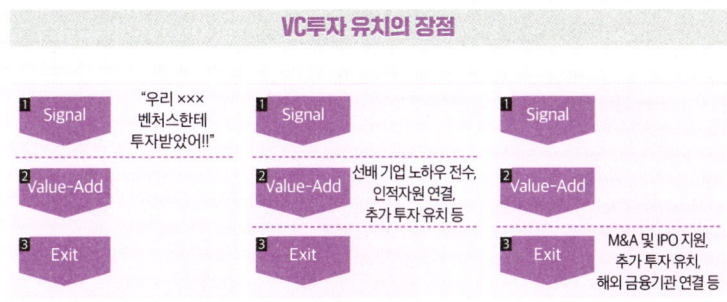

VC투자 유치의 장점

상장 자문사를 연결해주거나 적절한 기업공개 시점을 함께 고민하는 등 여러 각도에서 의미 있는 도움을 주기도 한다.

그렇다면 VC들의 도움을 받은 회사들의 성적표는 어떠한지 데이터를 보면서 같이 이야기해보자. 아래는 VC투자를 받은 전 세계 Top 30 기업을 정리한 이미지다(2020년 기준). 애플, 아마존, 구글 등 시대를 대표하는 핵심 빅테크 기업들이 VC투자를 받았다. 기술 기업 이외에도 스타벅스와 같은 리테일 회사, 길리어드 사이언스 같은 제약 회사도 리스트에 포함되어 있다.

VC투자를 받은 Top 30 기업
• 출처: ResearchGate/Juan M. Sanchez

한국도 마찬가지다. 2021년 기준으로 100개의 회사가 코스닥

국내 코스닥 상장사 중 VC투자를 받은 기업들의 비중

구분	2017년	2018년	2019년	2020년	2021년
IPO 수	78	90	97	86	100
VC투자 기업	40	47	53	55	62
비중	51.2%	52.2%	54.6%	63.9%	62.0%

• 출처: 벤처캐피탈협회

시장에 상장했는데, 이 중에 62%의 회사가 VC투자를 받은 것으로 파악되었다. 해당 수치는 2017년에는 50%대 초반이었지만 2020년에는 60%대 초중반까지 상승했다. 관련 내용을 요약한 위의 표를 보면, VC의 영향력이 과거에도 이미 상당히 높은 수준이었으며, 그 영향력이 지속적으로 커지고 있다는 것을 어렵지 않게 파악할 수 있다.

지금까지 벤처투자의 장점에 대해서 간단하게 이야기해보았다. 혹시나 독자들께서 오해하실까 봐 말씀드리자면, 벤처투자가 만병통치약이라는 메시지를 던지고 싶은 것은 아니다. VC투자를 받지 않고도 훌륭한 기업으로 성장한 곳들이 무척 많고, 기관투자를 받으면서 불필요한 압박을 받아 회사 상황이 더 안 좋아진 곳들도 분명 존재한다. 다만 통계적으로 그리고 경험적으로 봤을 때 VC의 순기능이 적지 않음을 알려드리고 싶었다. 벤처투자기관이 이 생태계에서 차지하는 비중이 큰 만큼, 스타트업 입장에서는 투자 유치 여부를 떠나 VC라는 존재에 대해서는 잘 알아둘 필요가 있다.

적어도 본 책에서 다루는 그랩과 우버만큼은 매우 공격적으로 모험자본을 활용했다. 그리고 이들의 빠른 성장에는 VC라는 든든한 우군이 있었음을 한 번 더 짚고 넘어갈 필요가 있다.

PART 3
카카오 + 배달의민족 + 토스 = 그랩?

동남아의 제왕 그랩,
모빌리티를 넘어 금융의 지배자로

코로나19의
위기와 기회

그랩과 같은 차량공유 플랫폼에게 코로나19는 치명타였다. 경기가 위축되고 감염에 대한 우려도 커지면서 이동 자체의 볼륨이 줄어들다 보니, 차량공유 서비스를 이용하는 빈도도 줄어들 수밖에 없었다.

하지만 위기는 기회였다. 코로나19로 동남아시아 주요 국가들이 봉쇄 조치를 내렸을 때 그랩은 차량 운전자 약 15만 명을 배달 서비스로 재배치했다. 이를 통해 폭증하는 배달 물량도 처리할 수 있었고, 직업을 잃을 뻔했던 운전자들도 소득을 유지할 수 있었다. 사업 실적도 인상적이었다. 2020년 배달 사업 부문의 거래액은 약 6조 원으로 전년 대비 약 90%가량 성장했다. 2021년에도 차량공유 부문 거래액이 주춤했음에도 불구하고 배달 쪽에서는 견고한 성장세를 기록하며 그랩의 확실한 먹거리로 자리 잡았다.

코로나19의 확산으로 동남아에서도 한국처럼 온라인 채널을 통해 음식을 배달시키는 트렌드가 더 확산되고 있는 모습이다. 코로나19가 한창이던 2020년에는 배달 음식의 온라인 구매 비중이 전체 배달 음식 구매에서 차지하는 비중의 약 10% 수준이었는데, 이는 2019년의 4%보다 2배 이상 늘어난 수치였다.

동남아시아의
온라인 배달 시장

그랩이 타기팅하고 있는 동남아시아 온라인 배달 시장은 상당히 매력적이다. 일단 디지털 새비Digital Savvy, 디지털 기기와 첨단기술에 능통한 세대라고 할 수 있는 청년층의 인구 비율이 높다. 절대적인 인구수 역시 약 6.7억 명으로 미국 대비 2배가량 높은 수치다. GDP는 미국, 한국보다는 낮은 수준이지만, 동남아시아 국가들은 매년 3~7% 성장하며 세계가 주목하는 시장으로 떠오르고 있다. 여기에 더해, 배달 시장의 온라인 침투율이 선진국 대비 현저히 낮은 수준이기 때문에 높은 성장 잠재력을 지니고 있다.

그랩은 이런 시장에서 차량공유 서비스를 통해 확보한 방대한 사용자 접점을 활용하여 공격적으로 배달 시장의 점유율을 늘려나가고 있다. 동남아 주요 8개국에서는 현재 약 50% 수준의 점유율을 기록 중이다. 배달 사업의 경우 2018년 후발 주자로 시작했음에도 불구하고 대부분의 지역에서 1위 혹은 1위와 격차가 크지 않은 2위

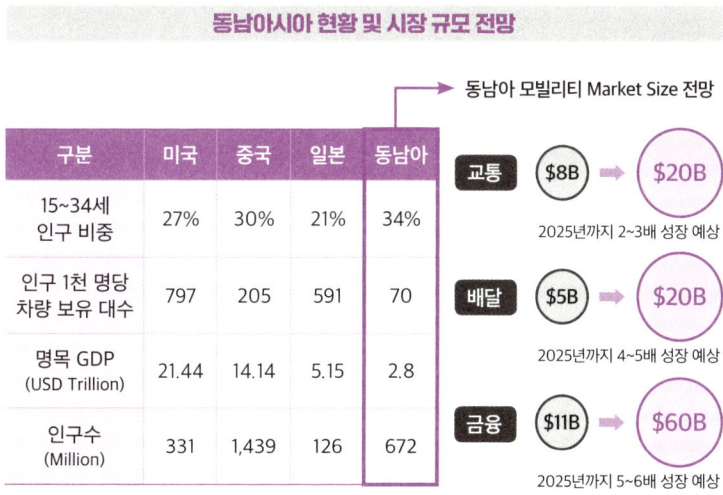

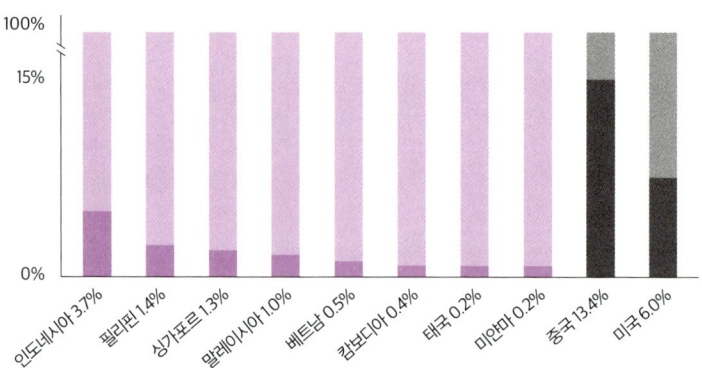

포지션을 차지하고 있다.

그랩 배달 사업의 성장세가 무섭다. 이제 막 열리기 시작한 시장이어서 미래가 더 기대될 수밖에 없다. 배달할 수 있는 상품들도 무궁무진하다. 실제로 '그랩익스프레스Grab Express'라는 서비스를 통해 간단한 서류 배송은 물론이고 가구, 가전과 같은 제품들까지 그 영역을 확대하고 있다. 차량공유 서비스는 슈퍼앱의 서막을 알리는 신호탄 정도인 셈이다.

그랩익스프레스가 제공하는 배달 서비스 개요

	Bike	Car	Large	4-hour
서비스 내용	문서, 간단한 음식 등 스몰 아이템 중심의 상품을 배달하는 서비스	케이크, 꽃 등 조심스럽게 취급해야 하는 상품을 배달하는 서비스	가구, 전자기기 등 규격이 큰 물품을 배달하는 서비스	상대적으로 규격은 작지만 즉시 배달이 필요 없는 상품을 취급하는 서비스
운영 시간	오전 7시 ~ 오후 11시	오전 7시 ~ 오후 11시	오전 8시 ~ 오후 9시	오전 9시 ~ 오후 6시
배달 상품 사이즈	5kg 이하 (32*25*12 cm)	20kg 이하 (70*50*50 cm)	50kg 이하 (160*120*100 cm)	2kg 이하 (30*25*12 cm)

그랩의 스팩(SPAC) 상장 스토리

그랩은 2021년 12월 미국 나스닥에 상장되었는데, 흥미롭게도 스팩SPAC, Special Purpose Acquisition Company, 인수합병목적회사을 통한 우회 상장을 진행했다. 미국 실리콘밸리 투자사인 '알티미터캐피탈Altimeter Capital'이 보유한 스팩 중 하나인 '알티미터그로스Altimeter Growth'와 합병하면서 거래가 시작되었다. 회사는 스팩합병을 통해 약 5조 원 규모의 자금을 조달했는데 이는 스팩합병 역사상 최대 규모이다.

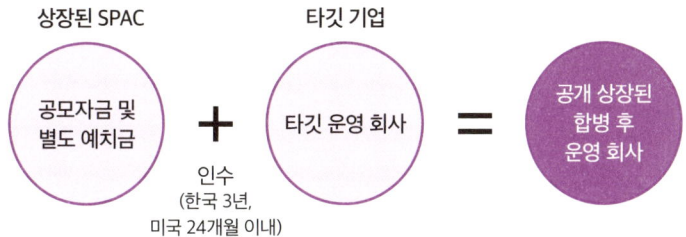

스팩이란?

일단 스팩의 개념부터 먼저 살펴보자. 스팩의 사전적 정의는 '기업의 인수합병을 목적으로 설립된 페이퍼 컴퍼니'이다. 비상장 회사가 합병을 통해 주식 시장에 우회 상장을 하기 위한 방법으로 만들어진 '서류상에만 존재하는 기업' 정도로 생각하면 된다. 예컨대 그랩의 경우 '알티미터 그로스'라는 페이퍼 컴퍼니가 이미 거래소에 상장되어 있었고, 그랩이라는 동남아시아 플랫폼 기업과 합병되면서 'GRAB'이라는 티커로 변경되어 나스닥에서 12월 2일부터 거래가 시작된 것이다.

그랩이 스팩을
선택한 이유

스팩합병의 장점은 상대적으로 간편한 절차이다. 일반적인 IPO의 경우 기관들이 수요 예측을 통해 공모가 밴드를 정한 후 공모가가 확정되는 구조다. 이로 인해 공모자금 규모가 바뀔 가능성이 있다는 뜻이다. 하지만 스팩합병 상장은 이미 주식 시장에 상장된 스팩의 자금이 있기 때문에 공모자금의 사이즈를 예측할 수 있다. 더불어 스팩합병 상장은 심사 승인이 나면 외부 변수 없이 상장이 가능하기 때문에 빠른 '딜Deal'이 가능하다(일반적인 IPO 절차의 경우 매크로 경제지표 변수, 공모 흥행 실패 등의 외부 요소로 인해 상장이 연기되기도 한다).

그랩이 상장한 미국 시장의 경우 한동안 스팩 열풍이 불었다. 2020년 기준으로 미국 주식 시장의 스팩 상장은 248개로 집계되었는데, 이는 당해 연도에 미국 증시에 상장한 기업들을 모두 합한 수의 55%에 해당하는 수치다. 사모펀드, 헤지펀드, 투자은행 등 다양한 투자자들과 스팩 설립자들이 함께했다. 여기에 연예인, 스포츠 스타, 부동산 재벌 등도 스팩투자를 공개적으로 지지하며 열풍에 힘을 더했다.

이제 다시 그랩의 사례로 돌아와보자. 그랩이 스팩 상장을 결정한 가장 큰 이유 중 하나도 바로 '속도'다. 그랩은 현재 동남아 시장에서 고젝 같은 모빌리티 플랫폼들과 경쟁하고 있다. 높은 시장점유율을 기록하고는 있지만 아직 안심하기는 이른 상황이기에, 2등 업체와의 격차를 더 빠르게 벌리고자 대규모 자금 조달에 열을 올리고 있다. 특히 경쟁사인 고젝이 인도네시아 전자상거래 업체 토코피디아와 합병을 하면서 몸집을 키우고 있는 상황이기 때문에 그랩 경영진 입장에서는 시간에 대한 압박이 상당히 컸던 것으로 파악된다.

여기서 한 가지 흥미로운 점은 바로 '하버드 커넥션'이다. 그랩과 합병한 스팩인 알티미터그로스를 운영하는 알티미터캐피탈의 CEO '브래드 거스터너'는 그랩의 창업자인 앤서니 탄과 하버드 경영대학원 동문이다. 하버드 동창들의 주선으로 2021년 초에 처음 만남을 가진 것으로 알려졌는데, 이후 단 3개월 만에 초대형 딜에 합의를 하게 된 것이다. 이 과정에서 알티미터캐피탈은 보유한 그랩의 지분을 3년간 팔지 못한다는 락업Lock-up 조항을 걸었는데, 주요 관계자들은 브래드 거스터너가 보여준 이런 믿음들이 앤서니 탄을 설득하는 데 큰 역할을 했다고 보고 있다.

앤서니 탄은 하버드 MBA 동문과 회사를 공동 창업했고 이후에도 학교 동문들을 회사의 주요 보직에 배치했다. 스팩합병 상장이라는 큰 결정도 예외는 아니었다. 여러 가지 요소들을 복합적으로 고려했지만 그랩의 최종 선택은 결국 하버드 동문인 브래드 거스터너의 알티미터캐피탈이었다.

동남아시아,
디지털 금융 기회의 땅

동남아시아의
디지털 금융 인프라 현황

동남아시아는 참 매력적인 시장이다. 특히 핀테크 분야는 더욱더 그러하다. 동남아시아 주요 국가들의 금융 인프라는 매우 낙후되어 있다. 조금씩 개선되는 모습을 보이고는 있지만 전체 인구의 26% 정도만이 기본적인 금융·은행 서비스의 혜택을 받고 있는 상황이다. 동남아 인구의 70% 이상이 '언더뱅크드Underbanked, 금융소외계층'에 속한다.

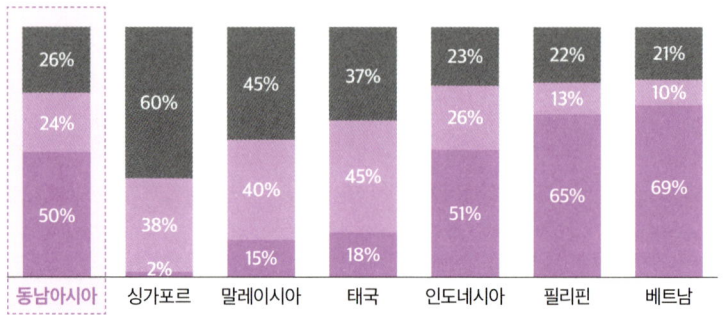

■ Unbanked : 금융계좌를 보유하고 있지 않아 금융 서비스를 받기 힘든 사람
■ Underbanked : 금융계좌는 보유하고 있으나 충분한 금융 서비스를 제공받지 못하는 사람
■ Banked : 충분한 금융 서비스를 누리는 사람

• 출처: 베인&컴퍼니, 구글, 테마섹

미국의 경우 해당 수치가 약 6%, 한국이 약 5%라는 것을 고려하면 동남아시아인들의 은행 서비스 이용률은 무척 낮은 수준임을 쉽게 알 수 있다.

조금 더 구체적으로 숫자를 살펴보면 싱가포르, 말레이시아를 제외한 6개 국가의 신용카드 보급률은 10% 이하이며, 현금결제율의 비중도 대부분 90%가 넘는다. 한국은행이 조사한 자료에 따르면 한국의 현금결제 비중은 약 20% 수준이고, 미국과 영국은 각각 26%와 28%로 조사됐다.

이런 통계 지표들이 보여주는 동남아시아의 열악한 금융 인프

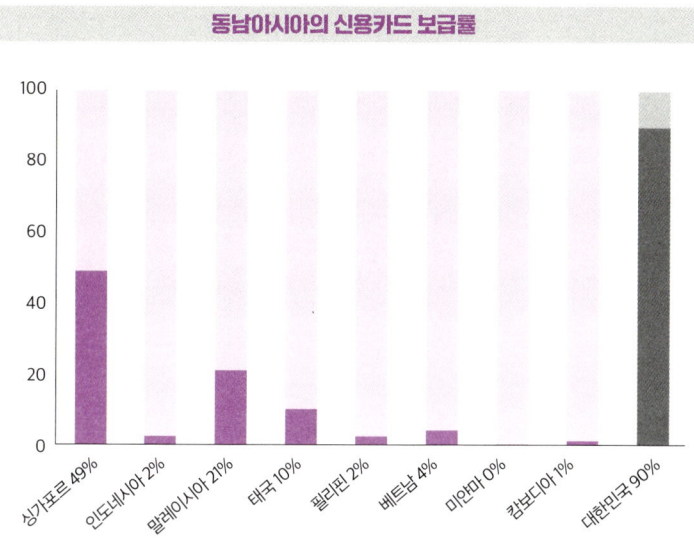

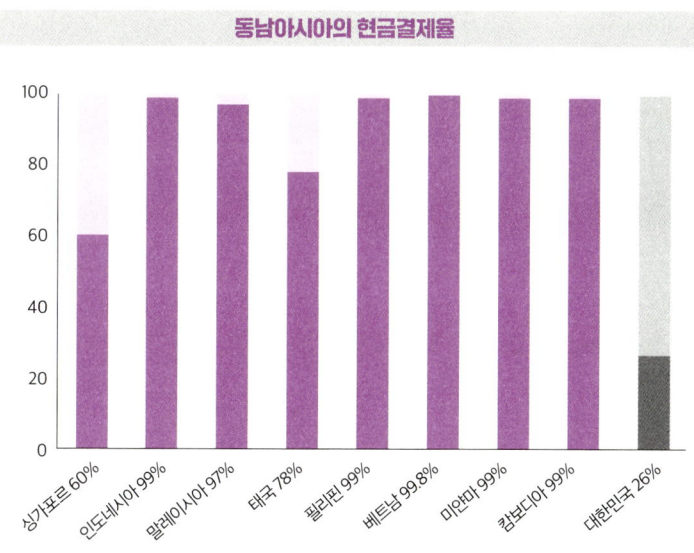

라는, 역설적으로 그랩의 금융 서비스에 큰 기회를 제공하게 되었다. 그랩은 이미 차량공유와 배달 사업을 통해 방대한 규모의 고객 접점을 확보했고, 이를 통해 비용과 지출을 최소화면서도 빠르게 디지털 금융 서비스를 전개할 수 있었다. 전통적인 은행 서비스에 대한 접근성이 떨어졌던 동남아시아 사람들은 그랩이라는 슈퍼앱을 통해 새로운 금융 혜택을 받을 수 있게 된 것이다.

통합 앱에서 차량공유, 배달 등 다양한 서비스를 제공하기 때문에 고객들이 플랫폼에 락인Lock-in되는 현상이 발생한다. 기존에도 자주 사용하던 앱이 매력적인 금융 서비스까지 제공하니 고객 입장에서는 마다할 이유가 없다.

동남아시아
핀테크 시장의 포텐셜

수년 전부터 국내외 많은 기업들과 VC들은 동남아시아의 핀테크 분야를 '기회의 땅'으로 보고 적극적으로 투자 검토를 진행해왔다. 국내에서는 한화자산운용이 '그랩파이낸셜'에 약 3억 달러(한화 약 3,300억 원) 규모의 투자를 집행했다. 동일 라운드에는 이베이 창립자

피에르 오미다이어와 제휴한 '플러리시 벤처스', 그랩의 초기 투자자인 'GGV캐피탈' 등이 투자자로 참여했다.

기관들이 동남아시아 디지털 금융 시장에 매력을 느끼는 또 다른 이유는 바로 '높은 스마트폰 보급률'과 '두터운 청년층 인구'이다. 디지털 금융의 필수 인프라 중 하나는 바로 스마트폰이다. 당연한 이야기지만 스마트폰이 없으면 사용할 수 있는 디지털 금융 서비스의 범위도 제한적일 수밖에 없다. 동남아시아 국가들은 소득 수준 대비 스마트폰 보급률이 상당히 높은 편이다. 섬이 많은 동남아의 지리적 특성 때문에 무선 기반의 모바일 사용 환경이 빠르게 발달할 수 있었다. 코트라KOTRA가 공개한 자료에 따르면 동남아 주요 국가 중 하나인 말레이시아의 모바일 전자상거래 시장은 약 19억 달러(한화 약

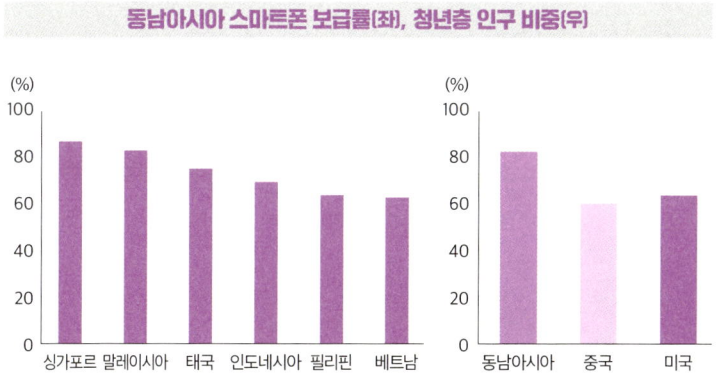

동남아시아 스마트폰 보급률(좌), 청년층 인구 비중(우)

2.1조 원) 규모로 전체 전자상거래 시장의 47%를 차지하는 것으로 파악된다.

더불어 동남아시아는 선진국들보다 청년층 인구가 두터운 편이다. 디지털 금융 서비스에 나이 제한이 있는 것은 아니지만 기성세대보다는 어린 시절부터 IT 기기와 함께해온 '디지털 네이티브' 세대가 더 매력적인 고객군임은 분명하다. 그랩의 핵심 시장 중 하나인 인도네시아는 인구수가 약 2.7억 명으로 세계 4위 수준인데, 지역의 평균 연령은 29세에 불과하다. 필리핀의 인구수는 약 1.1억 명인데 이들의 평균 연령도 24세밖에 안 된다. '포스트 차이나'로 주목받고 있는 베트남 역시 평균 연령이 30세로 젊은 인구구조를 가지고 있다.

동남아시아 7억 명 인구 중에 70%가 '언더뱅크드'라고 생각하면 약 4.9억 명의 동남아시아인들이 여전히 가장 기본적인 금융 서비스도 받고 있지 못하다는 뜻이다. 그리고 잠재적 타깃 고객군의 대다수는 스마트폰과 같은 디지털 기술에 익숙한 청년층 인구다. 이런 시장의 상황을 한 단어로 요약하면 바로 '기회'다. 많은 기관들의 이목을 끌 수밖에 없는 시장이며, 따라서 자연스럽게 많은 스타트업들이 기회를 잡기 위해 출사표를 던지고 있다. 그 선두에는 동남아시아의 슈퍼앱 그랩이 단단하게 자리를 잡고 있다. 동남아 디지털 금융 시장의 미래는 어떤 모습일까? 10년 후 미래가 무척이나 기대되는 마켓이다.

그랩은 동남아 핀테크의 대장주가 될 수 있다

그랩파이낸셜의 성장

"소외된 동남아시아인들에게 제도권 금융의 길을 열어줄 더 많은 방법을 찾고 있다."

그랩의 금융 사업 부문인 '그랩파이낸셜Grab Financial'의 대표 '루벤 라이Reuben Lai'의 말이다.

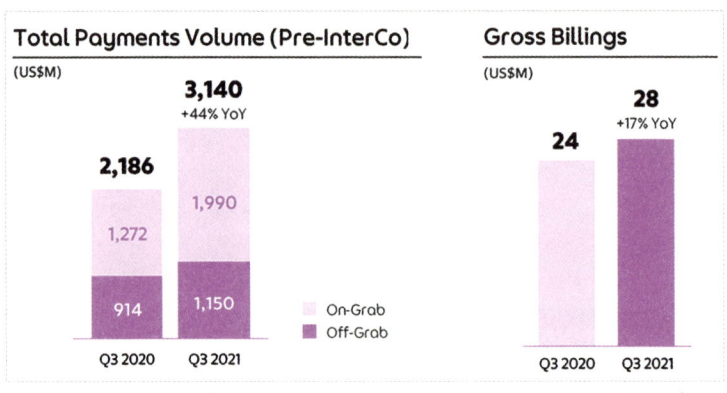

2021년 3분기 그랩 금융 서비스 실적 • 출처: 그랩 IR 자료

그랩의 금융 사업은 코로나19 속에서도 견고한 상승세를 보였다. 2021년 3분기 기준 전체 거래액은 약 44%가량 증가했고 매출 역시 전년 동기 대비 약 17%가량 상승했다.

그랩은 송금, 결제, 보험, 대출, 자산운용 등 거의 모든 금융 영역의 사업을 영위하고 있다. 흥미로운 서비스 예시로는 운전자들을 대상으로 하는 사업자금 대출이 있다. 약 10만 싱가포르 달러(한화 약 9천만 원) 수준에서 대출이 가능하다. 국내에서 네이버와 미래에셋이 선보인 '스마트스토어 신용 대출'과 유사한 개념이다. 이런 서비스를 이용할 수 있게 된 동남아시아 지역 운전자들은 앞에서 언급한 70%의 '언더뱅크드' 그룹에 속한다. 기존 은행권에서는 자금을 조달하기 어려웠던 이들이 그랩을 통해 사업자금을 마련하고, 그 사업자금을 그랩 플랫폼 안에서 다시 사용하면서 양측이 모두 원원하는 선순환 구조를 만들고 있다.

2020년 8월에는 '오토인베스트Auto Invest'라는 소액투자 서비스도 공개했다. 그랩페이를 통해 1달러 단위의 소액투자를 할 수 있는 서비스다. 카카오페이증권의 '알 모으기(모바일결제 리워드를 펀드에 투자하는 서비스)' 및 '동전 모으기(모바일결제 뒤 잔돈으로 자동투자하는 서비스)'와 유사하다고 보면 된다. 참고로 2020년 2월 론칭한 카카오페이증권은 10개월 만에 계좌 300만 개를 돌파했다. 이는 슈퍼앱이 제공하는 소액투자에 대한 수요가 꾸준히 상승하고 있음을 방증한다.

이 외에도 그랩은 최근 글로벌 VC들이 많은 관심을 가지고 있는 'BNPLBuy Now Pay Later, 후불결제' 서비스도 제공하고 있다. 일정 조건을 만족한 고객들이 온라인 커머스에서 옷과 가구 등을 무이자 할부로 결제할 수 있는 상품이다. 한국의 경우 신용카드 서비스가 워낙 고도화되어 있어서 수요가 그리 크지 않지만, 앞서 설명한 것처럼 금융 인프라가 낙후되어 있고 신용카드 보급률이 낮은 동남아시아에서는 유용한 서비스로 인식되고 있다.

이처럼 그랩의 금융 서비스가 발전할 수 있는 방향은 무궁무진

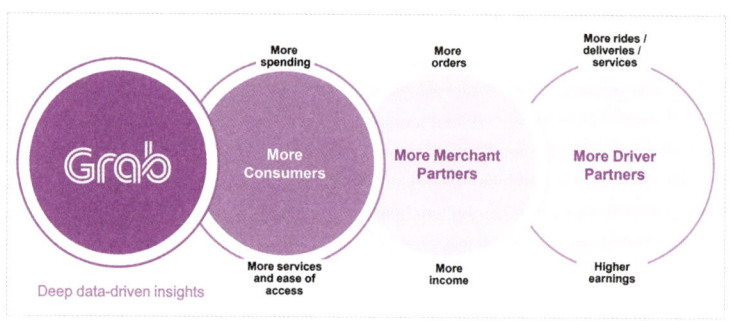

그랩 에코시스템의 선순환 구조 • 출처: 그랩 IR 자료

하다. 여러 번 언급했듯 동남아시아 지역에서 압도적인 브랜드 평판을 구축하고 있고, 400개 이상의 도시에서 약 6,700만 명이 그랩 플랫폼을 사용하고 있다. 그랩은 매일 엄청난 양의 데이터를 축적하고 있고 이 데이터는 더 나은 금융 서비스를 제공하는 데 활용될 수 있다. 이는 후발 주자들이 쉽게 도달할 수 없는 높은 진입장벽이라 할 수 있다.

그랩 vs. 카카오

그랩파이낸셜만 떼어놓고 보면 한국의 카카오페이, 카카오뱅크, 토스와 같은 서비스들이 비교군으로 떠오른다. 카카오페이의 경우

2022년 1월 초 기준으로 약 25조 원의 기업가치를, 카카오뱅크는 약 30조 원의 기업가치를 기록했다. 아직은 비상장 스타트업인 토스의 경우 2021년 약 8조 원의 기업가치를 인정받고 투자를 유치한 바 있다.

한국 시장과 동남아 시장을 일대일로 비교하는 것은 다소 무리가 있을 수 있다. 하지만 생각해보자. 카카오페이와 카카오뱅크는 현실적으로 해외 진출이 어려운 '로컬Local' 플레이어다. 은행 사업의 경우 초대형 경쟁사들이 존재하고, 페이 사업 역시 좋은 포지션을 선점했지만 시장의 압도적인 플레이어라고 보기는 어렵다. 그럼에도 불구하고 양사의 시가총액을 합치면 약 55조 원이라는 수치가 나온다. 카카오 하나만 봐도 시가총액 50조 원을 넘어선 지 오래다(2021년 하반기 기준). 반면 2021년 12월 마지막 거래일 기준으로 그랩의 시가총액은 약 30조 원으로, 상당한 갭이 존재함을 알 수 있다.

주식의 가격은 시장의 '기대치Expected Value'를 반영한다. 그래서 우리는 성장 가능성이 큰 회사들(예컨대 바이오 회사 같은 곳)에 높은 밸류에이션 프리미엄을 준다. 비슷한 논리를 시장에 적용해본다면 동남아시아 핀테크 회사들은 조금 더 높은 '밸류에이션 멀티플Valuation Multiple'을 받을 가치가 있어 보인다. 시장의 규모와 성장 가능성 모두 무척 크기 때문이다.

그랩은 이런 핀테크 시장을 지배할 기회를 맞이하고 있다. 앞에서 언급한 플랫폼의 경쟁 우위들을 고려한다면 중장기적인 관점에서 다운사이드Downside보다 업사이드Upside가 더 커 보인다. 물론 그랩파이낸셜은 여전히 사업 초기 단계이고 아직까지 충분히 유의미한 지표를 보여줬다고 말하기는 어렵다. 주력 사업이었던 차량공유 서비스가 부분적으로 사업 흑자를 기록하고 있다는 점을 고려하면 금융 부분은 여전히 갈 길이 멀어 보인다.

하지만 포텐셜Potential이라는 측면만 놓고 보면 관점은 조금 더 명확해진다. 차량공유, 배달, 그리고 금융 서비스라는 3개의 바퀴가 톱니바퀴처럼 맞물려 돌아가는 슈퍼앱 그랩의 모습이 기대된다.

벤처투자자에게 엿듣는 그랩의 투자 스토리

VC로서 어려운 일 중 하나는 바로 '딜 소싱Deal Sourcing, 투자처 발굴' 업무다. 상장되어 있는 주식들의 경우 언제든지 거래가 가능하지만, VC들이 투자하는 비상장 회사들은 경영진과 기존 주주들의 동의가 있어야 투자가 가능하다. 그렇기 때문에 좋은 딜을 발굴하고 투자 룸을 확보하는 것이 무척 어렵고 중요한 일이다.

필자의 경우 그랩에 투자하기 위해 다양한 루트를 통해 검토를 진행했다. 일단 예일대 MBA 동문이자 절친한 친구였던 브라이언 리 미아디를 찾아갔다. 그는 인도네시아 출신이지만 미국에서 학부를 졸업한 후 골드만삭스를 거쳐 자카르타에서 가족 사업을 넘겨받아 운영하고 있었다. 동남아시아 지역 내 네트워크가 무척 좋았고, 그랩과 이해관계가 없기 때문에 정확한 피드백을 줄 수 있는 지인이었다. 또한 브라이언의 소개로 동남아 스타트업 업계에서 활동하고 있는 여러 창업가를 직접 만날 수 있었고, 그들과의 대화를 통해서 몇 가지 핵심 인사이트를 얻을 수 있었다.

일단, 브라이언과 같이 최고 수준의 교육을 받은 동남아시아의 젊은 인재들이 스타트업으로 몰리고 있다는 사실이다. 과거 이들은 해외 유학 후 모국으로 돌아오지 않고 미국이나 홍콩 같은 곳에서 일을 하는 경우가 많았다. 하지만 시장의 성장을 누구보다 잘 알고 있는 이 젊은 인재들이 큰 망설임 없이 모국으로 돌아와 적극적으로 스타트업 업계에 참여하고 있었다.

시장의 흐름을 읽을 수 있는 지표는 여러 가지가 있다. 정량적인 평가도 있고 정성적인 평가도 있을 것이다. 필자가 개인적으로 선호하는 기준점은 바로 '사람'이다. 주변 지인 중에 가장 똑똑하다고 생각하는 친구들이 어디로 이동하는지 주의 깊게 보는 편이다. 동남아 시장에 대한 평가도 마찬가지다. 지역을 평가할 수 있는 데이터가 무척 많지만 결국은 핵심 인재들이 이곳을 어떻게 바라보는지가 중요한 것이다. 이런 맥락에서 동남아 시장은 매력도가 무척 높았다. 특히 좋은 인력들이 몰리고 있는 스타트업 업계는 더욱 그러했다.

또 한 가지 인사이트는 바로 대화 속에서 '그랩'과 '고젝'이라는 회사가 반복적으로 언급되었다는 것이다. VC 관점에서 동남아 시장을 봤을 때 느끼는 큰 두려움 중 하나는 바로 '엑싯Exit, 회수'에 대한 가능성이었다. 아무리 좋은 회사여도 투자자는 엑싯을 하지 못하면 돈을 벌 수 없다. 미국, 한국과 같은 곳들은 이미 성숙한 시장이기 때문에 성장 가능성 자체는 동남아만큼 높지 않지만, VC 입장에서는 투자하기에 조금 더 수월한 부분이 있다. 회수 사례도 많고 회수를 위한 다양한 엑싯 채널이 있기 때문이다. 반대로 동남아는 '금융 시장의 불완전성' 등으로 인해 상당한 디스카운트Discount를 받아왔다.

하지만 그랩과 고젝의 등장은 게임의 판도를 바꿔놓고 있었다. 동남아 어디를 가도 초록 헬멧을 쓰고 있는 그랩과 고젝의 드라이버들을 볼 수 있었고, 거리는 이들의 택시로 가득했다. 동남아시아 스타트업이 유니콘을 넘어 데카콘으로 갈 수 있음을 사방 곳곳에서 목격한 것이다. 특히 2018년 우버 합병을 기점으로 그랩의 시장점유율은 압도적이라는 느낌이 들 정도로 성장했다. 또한 차량공유 플랫폼을 통해 확보한 데이터와 고객 접점을 활용하여 전개할 수 있는 후속 사업들이 너무 많았다(앞에서 언급한 배달, 금융 사업이 대표적인 예다).

그랩은 슈퍼앱으로 인정받을 만한 자격이 있었다. 인도네시아, 싱가포르 방문을 통해 그랩에 투자하고 싶은 마음이 '물음표'에서 '느낌표'로 바뀌었다.

이때부터 본격적으로 투자 룸을 받을 수 있는 방법에 대한 고민을 시작했다. 그랩은 이미 시장에서 인기가 많아서 투자자들이 줄을 서서 번호표를 받고 있는 상황이었기 때문이다. 필자는 여러 네트워크를 모두 가동했다. 미국 유학생 출신이 그랩에 많이 있다는 사실을 알았기 때문에 지인들에게 아는 사람이 있으면 소개해달라는 말을 여기저기 하고 다녔다. 그리고 그랩의 기존 투자사 담당자를 통해 그랩의 실무진을 연결받고 그랩의 실무진들을 만났다. 싱가포르 본사에 직접 방문하고 온라인 미팅을 여러 번 진행하면서 그랩 담당자들과 커뮤니케이션했다.

이런 노력들이 더해져 투자 룸을 확보할 수 있었지만 필자가 당시 근무하던 회사에서는 투자를 집행할 수 없었다. 내부 의견을 모으지 못해 결국에는 딜을 드랍Drop하게 되었다. 하지만 포기하지는 않았다. 그랩이라는 회사에 대한 믿음이 컸기 때문이다. 결국 이후에 신세계에서 만든 CVC인 시그나이트파트너스의 1호 전문 심사역

Investment Director으로 참여했고, 이후 경영진의 큰 지원을 받아 그랩에 투자를 집행할 수 있었다.

이후 그랩은 약 40억 달러(한화 약 45조 원)의 기업가치를 인정받고 역대 최대 규모의 스팩 상장을 통해 미국 나스닥에 데뷔하는 데 성공했다. '딜 소싱, 투자 집행, 회수'라는 하나의 큰 사이클을 경험하면서 비상장 스타트업에 대한 투자가 참 쉽지 않다는 것을 다시 한번 느끼게 되었다. 좋은 회사를 발굴하여 투자까지 마무리하는 것 자체도 어렵고, 투자 이후에도 회사가 극복해야 하는 내·외부 변수가 너무 많기 때문이다. 실제로 실리콘밸리에서도 스타트업의 성공 확률은 1%에 불과하다.

그렇기 때문에 VC라는 업의 본질이 '실패의 확률을 줄이는 행위'라는 나름의 철학이 생겼다. 다행히도 우리는 과거의 사례를 통해 실패의 확률을 줄일 수 있는 여러 방법들을 학습할 수 있었다. 회사가 속한 시장의 크기와 성장성을 보고, 창업팀이 풀고자 하는 문제와 그 문제를 풀 수 있는 경영진의 역량을 검토하는 전략이 대표적인 예이다. 여기에 더해 회사가 얼마나 빨리 스케일업Scale-up 할 수 있고, 성장을 만든 이후에는 높은 시장점유율을 얼마나 오랜 기간 지속할 수 있을지를 살펴본다. 그리고 플랫폼의 경우 이를 증빙할 수 있는 여러 가지 정량적인 지표들(거래액 성장 추이, 반복 구매율, 평균 객단가 추이, 월 순방문자 수 추이 등)을 검토한다.

그랩의 케이스를 살펴보면 위의 체크리스트들이 교과서처럼 맞아떨어진 사례였다. 결과론적인 이야기일 수 있지만 그랩은 그만큼 매력적인 스타트업이었다. 이제 초점은 회사가 '얼마나 높이 비상할 것이냐'에 맞춰지고 있다. 나스닥에 상장되어 있는 또 다른 동남아시아 기업 '씨 리미티드Sea Limited'는 이미 100조 원의 시가총액을 돌파한 바 있다. 2021년 하반기 중국 헝다 사태* 등이 터지면서 동남아 마켓에 대한 글로벌 자본의 관심도 더 올라갔다. 2022년 초 금리 상승 등의 이유로 주춤하고 있지만, 중장기적으로 봤을 때는 여전히 매력도가 높다.

그랩의 엔드픽처End Picture는 어떤 모습일까? 회사의 비상장 단계부터 함께한 VC로서 기대감을 숨기기 무척 어렵다.

---

* 중국의 대형 부동산 개발 업체 '헝다'가 채무불이행(디폴트) 상태에 빠지면서 중국의 부동산 시장이 침체된 사건

동남아시아 주요 국가별
모빌리티 규제 현황

그랩은 각국의 규제 리스크를 선제적으로 대응하기 위해 별도로 정부 대응Government Affairs팀을 운영 중이다. 코로나19 지원금으로 $40M(한화 약 400억 원)을 지역사회에 기부하는 등 다양한 사회적 활동을 통해 동남아시아 8개국 정부 관계자들과 우호적인 관계를 형성하고 있다. 더불어 이미 약 5백만 명의 드라이버와 약 33만 개 F&B 업체들과 공생 관계를 구축하였기 때문에, 유권자들의 표를 의식할 수밖에 없는 정치권에서도 쉽게 규제할 수 없는 유니콘 기업으로 성장한 상황이다. 이런 큰 맥락 속에서, 그랩이 사업을 영위하고 있는 동남아 8개국은 각기 다른 규제책을 취하고 있는데 그 자세한 내용은 다음과 같다.*

* 2020년 기준 자료

(1) 싱가포르

- 개요: Ride-Hailing* 서비스는 싱가포르 국토교통부의 감시 대상이며, 현재 택시 서비스와는 구분되는 Private Hire Car 또는 Third Party 택시 예약 서비스업으로 분류함
- 차량: 제한 없음
- 번호판: 정부가 배포한 Ride-Hailing 차량임을 나타내는 스티커를 차량 외부에 부착해야 함
- 면허: 드라이버는 택시 운전사와 같은 Vocational 라이선스 소지자
- 훈련 및 교육: 정부에서 주관하는 10시간 안전 교육을 의무 이수

(2) 인도네시아

- 개요: 인도네시아 교통부가 관할권을 가지고 있으며, Ride-Hailing 서비스를 'Special Private Hire Vehicle'로 분류함
- 차량: 차량 연식은 따로 제한이 없으나, KIR Test(주행안전테

---

* 전화나 스마트폰 앱 등을 이용해 택시를 직접 불러서 이용할 수 있는 새로운 형태의 교통수단

스트)를 통과해야 하며 최소 1,000cc 이상만 Ride-Hailing 서비스에 사용할 수 있음
- 번호판: Public Plate는 따로 필요하지 않으나 Ride-Hailing 차량임을 나타내는 스티커를 차량 외부에 부착해야 함
- 면허: 드라이버는 Commercial 라이선스(Type A)를 소지
- 훈련 및 교육: 대중교통 드라이버들을 위한 안전교육을 의무적으로 이수
- 요금: 2019년 5월부터 2W Ride-Hailing에 대한 최저요금과 최고요금에 대한 규제가 새로 발표됨. 킬로미터당 0.18~0.25 달러 사이에서 부과되어야 한다고 인도네시아 정부가 발표

(3) 말레이시아

- 개요: 말레이시아 육상교통위원회와 말레이시아 경찰 도로교통부의 관할 아래, LTA Land Transportation Amended Act에 따라 E-Hailing Operator로 기존 택시 사업자와 구별
- 차량: 출고 10년 미만의 차량과 등록 10년 미만의 차량만 운행 가능
- 번호판: 규제 없음
- 면허: 표준 운전면허 및 SPAD에서 발급한 전자면허 필요

- 훈련 및 교육: 6시간 정부 주관 안전 및 에티켓 교육

(4) 필리핀
- 개요: 육상교통 규제위원회와 교통부의 관할 아래, 기존 택시와는 구별되는 Taxi 예약 서비스로 구분
- 차량: 연식 3~7년 차량만 이용 가능
- 번호판: 탈부착 가능한 자기Magnetic 번호판 사용
- 면허: 택시 운전사와 같은 Professional 면허 필요
- 훈련 및 교육: 규제에 의한 강제 없음

(5) 베트남
- 개요: 교통부와 지방정부에 의해 E-Hailing 관련 임시 규제를 적용받고 있음
- 번호판: Ride-Hailing 차량임을 표시하는 Contract Car 배지를 전시해야 함
- 면허: 표준 운전면허
- 훈련 및 교육: 임시 규제에는 해당 사항 없음

(6) 기타 국가

- 태국, 미얀마, 캄보디아는 그랩 사업에 직접적으로 적용되는 규제는 없는 것으로 파악됨
- 캄보디아의 경우 공공교통부의 관할 아래 관련 규제에 대한 논의가 진행되고 있는 단계

Ride-Hailing 서비스 규제 수준에 따른 분류

자유주의적 규제에 의한 법률 제정 **예정** 국가	미얀마
자유주의적 규제에 의한 법률 제정 국가	말레이시아, 싱가포르, 캄보디아
보수주의적 규제에 의한 법률 제정 **예정** 국가	태국
보수주의적 규제에 의한 법률 제정 국가	인도네시아, 필리핀, 베트남

PART 4
모빌리티의 끝판왕 우버

제2의 아마존,
북미 모빌리티 시장의 절대자

우버의 사업 현황

전 세계 차량호출·차량공유 서비스 시장의 최강자 한 곳을 꼽자면 당연 우버다.

후발 주자들이 여럿 존재하지만 우버는 가장 상징성이 큰 모빌리티 스타트업이기도 하다. 특히 북미 지역으로 한정 지으면 더욱더 그러하다. 한때는 미국 시장의 90%가량을 점유했고, 해당 수치가 소폭 줄었지만 최근까지 70% 정도의 시장점유율을 기록하고 있다.

우버의 재무 정보 • 출처: KISLINE

2등 업체인 리프트가 나름 선전하고 있지만 격차가 크다. 규모 면에서 봤을 때도 모빌리티 시장의 가장 큰 '형님'이다. 2018년부터 3년 연속 연 매출 10조 원을 돌파했으며 시가총액도 유사 모빌리티 플레이어들 중에 가장 큰 편이다.

우버의 장점 중 하나는 차량공유와 딜리버리 사업을 모두 보유하고 있다는 것이다. 앞서 설명한 그랩과 유사한 구조다. 회사는 차량공유 사업에서 확보한 '운전자'와 '네트워크'를 통해 배달 사업을 빠르게 확장할 수 있었다. 다만 그랩과 달리 디지털 금융 분야에는 큰 힘을 쏟지 않는 모습이다. 다라 코스로샤히가 CEO로 임명되면서 수익률 개선에 초점을 맞추고 있는데, 돈벌이가 되는 두 가지 축(차량공유, 배달)에 자원을 집중하고 있다. 코로나19를 계기로 양 사업 간의 시너지가 본격화되면서 추가 매출 창출 및 이익 성장이 기대된다.

북미 시장 내 우버의 확장 전략

2019년부터는 '우버트랜짓Uber Transit'이라는 사업을 통해 대중교통까지 시장을 확대하고 있다. 우버트랜짓은 각 지역별 대중교통 기관과의 파트너십을 통해 통합 교통 서비스를 제공한다. 스쿠터, 자전거 등 기타 교통 서비스와도 연동된다. 이를 통해 소프트웨어 매출SaaS, Software as a Service을 창출할 수 있다.

 미국의 대중교통 시장은 택시, 렌터카 시장의 약 1.8배에 달하는 큰 규모의 시장이다. 공공 기관들의 경우 교통수단의 효율화로 비용을 절감하고 싶어 하고, 사용자들은 다양한 이동 수단을 하나의 플랫폼에서 편하게 사용하고 싶어 한다. 우버는 양측의 수요를 적절하게 맞춰주면서 새로운 먹거리를 발굴하고 있다. 여기에 더해 허츠Hertz, 에비스Avis와 같은 렌터카 업체들과 파트너십을 구축하면서 카테고리 확장도 공격적으로 진행 중이다. 스마트폰 하나로 차량공유뿐만 아니라 대중교통, 자전거, 스쿠터, 렌터카 그리고 배달에 이르기까지 포괄적인 이동 서비스를 제공하는 'MaaSMobility as a Service' 기업으로서의 입지를 굳혀가고 있다.

 우버와 같은 플랫폼 기업들은 자동차 시장의 키워드가 '소유 →

우버의 모빌리티 서비스 연혁

연도	내용
2014	'우버풀' 기능 출시
2015	대중교통 기관과 첫 파트너십 체결 지도 플랫폼 회사 '데카르타' 인수
2018	'점프바이크' 인수, 이후 '우버바이크'로 리브랜딩
2019	'우버트랜짓' 사업 출시
2020	대중교통 서비스 업체 '루트매치' 인수 '라임'에게 '점프바이크' 사업부 매각 및 파트너십 체결 영국의 택시운수업체 '오토캡' 인수
2021	렌터카 기업 '카트롤러'와 제휴, '우버렌트' 서비스 출시

• 출처: 우버, 미래에셋증권

공유', '제조 → 서비스'로 전환될 가능성에 베팅하고 있다. 실제로 다수의 모빌리티 전문가들과 미국 헤지펀드들은 중장기적으로 차량공유의 개념이 확대되면서 전체 차량판매 시장은 정체하는 모습을 보일 수 있다고 전망한다. 대신 차량의 회전율이 증가하면서 우버와 같은 모빌리티 서비스 시장의 확대를 기대하고 있다. 최근 환경 문제 등으로 전기차 수요가 빠르게 늘고 있긴 하나 결국 본질적인 문제를 해결하기 위해서는 '소유에서 공유로'의 패러다임 전환이 불가피하다. 이는 단순 제조만으로는 경쟁력을 갖기 어렵다는 뜻이고, 결국은 소프트웨어 파워를 가진 기업들이 새로운 승자가 될 확률이 높을 것으로 보인다.

그리고 이런 변화들은 미국과 같은 선진국을 중심으로 시작될 것으로 예상되는데, 이때 북미 모빌리티 시장의 절대 강자인 우버는 어떤 위치에 서 있을까? 다수의 글로벌 금융기관들은 우버가 여전히 큰 폭의 적자를 기록하고 있음에도 불구하고 'Top Pick' 중의 하나로 뽑고 있다. 패러다임 변화에 대한 기대감과 우버의 기술적 경쟁력, 그리고 플랫폼에 대한 믿음이 반영된 결과일 것이다. '여의도의 현인'이라고 불리는 박세익 전무는 우버를 '제2의 아마존'이라고 부르며 우리 삶을 바꿀 혁신 기업으로 구분하기도 했다.

이 책은 주식 가격을 예측하는 책은 아니다. 하지만 우버에게는 상승을 위한 좋은 재료들이 많아 보인다. 적어도 북미 시장에서만큼은 우버의 패권에 도전할 만한 스타트업이 쉽게 등장하기 어려울 것이다.

모빌리티 규제와 우버의 과제

우버의 규제 리스크

미국, 유럽 등 세계 주요 국가들은 플랫폼 노동자들의 권리를 강화하기 위한 여러 움직임들을 보이고 있으며, 우버는 이러한 규제 리스크에서 자유롭지 못하다.

 미국 캘리포니아주에서는 우버와 같은 플랫폼 노동자들을 프리랜서가 아닌 노동자로 인정하는 것을 골자로 하는 'AB5 Assembly Bill 5'

법안을 2020년 1월부터 시행했다. 이로 인해 우버의 기사들이 독립적인 계약자가 아닌 회사의 직원으로 변경될 가능성이 높아졌다. 하지만 우버와 리프트를 중심으로 하는 플랫폼 기업들의 반격도 만만치 않았다. 2020년 11월, 'AB5 법안이 앱 기반 배달·운전기사들에게는 적용되지 않는다'는 정책을 담은 법안인 '법제안 22Prop 22'가 58%의 찬성율로 통과되며 어느 정도 예외를 인정받게 되었다.

그러나 2021년 5월 바이든 정부의 노동부 장관이 플랫폼 앱 기사들의 정직원화가 필요하다고 언급했고, 같은 해 8월에는 캘리포니아주 고등법원이 Prop 22를 위헌이라고 판단하는 등, 규제에 관한 리스크는 여전히 존재하는 상태다. 기업 입장에서는 노동자가 피고용인으로 인정받으면 각종 복지 혜택을 제공해야 하므로 인건비가 약 20~30%가량 증가할 것으로 보인다. 다만 Prop 22의 실효성이 인정된다면 리스크는 제한적일 것이다. 기사들을 정직원으로 인정하는 대신 여러 보장 서비스를 마련하는 방향으로 중간 접점을 찾을 확률도 작지 않다.

노동권에 더 민감한 유럽 주요 국가들은 상당히 강경한 입장을 취하고 있다. 영국은 2021년 2월 우버의 운전기사가 자영업자가 아닌 노동자에 해당되고 따라서 이들에게 유급휴가, 노조결성 등의 권리가 보장되어야 한다고 판단했다. 흥미로운 점은 다음 승객 호출을 기다리는 대기 시간도 노동 시간으로 계산해야 된다고 판결했다는 것이다. 네덜란드도 비슷한 상황이다. 법원은 2021년 9월 우버 기사들을 노동자로 구분하고 이들에게 노동법에 보장된 모든 권리를 제공해야 한다고 주장했다. 더불어 네덜란드 노동조합총연맹에 5만 유로를 지불하라고 판결했다. 플랫폼 노동자들의 노동조합 결성 및 참여 권리를 한 번 더 강조한 것이다.

우버와 같은 기업의 입장에서 노동으로 인정받는 시간이 늘어난다는 것은 곧 사업 비용의 상승으로 직결된다. 물론 가격 상승, 자율주행 도입과 같은 사업 전략들을 통해 이러한 문제를 풀어나갈 수 있겠지만 단기적으로는 압박이 클 수밖에 없다. 우버의 CEO가 영업 적자가 큰 사업부를 매각하거나 정리하는 결정을 내리는 것은 이런 규제 환경과도 연관성이 있다.

북미 시장의 관전 포인트, 우버의 경쟁사 '리프트'

리프트의
창업 스토리

'리프트'는 우버의 경쟁사로 미국 샌프란시스코에 본사를 둔 차량공유 서비스 기업이다. 미국 내 시장점유율 25~30% 수준의 2위 업체다. CEO인 로건 그린과 존 지머가 공동 창업했다. 2012년 6월 '짐라이드Zimride'라는 이름으로 설립되었으나 2013년 5월에 '리프트Lyft'로 회사명을 변경했다.

회사의 뿌리인 짐라이드 역시 차량공유 서비스였다. 대학 캠퍼스 간 장거리로 이동하는 학생들에게 카풀을 제공하는 것으로 시작했다. 공동 창업자인 로건 그린이 LA에 살고 있는 여자친구를 만나러 가기 위해 차를 얻어 탄 경험에서 영감을 받았다고 한다. 리프트의 창업자들은 우버의 창업자만큼 화려한 스포트라이트를 받지는 않았다. 그래서일까? 우버의 전 대표인 트래비스 캘러닉이 성희롱 스캔들 등으로 시장의 신뢰를 잃었을 때 리프트는 상당한 반사이익을 얻었다.

로건 그린은 산타바바라대학교에서 경제학을 전공했다. 환경 문제에 관심이 많아서 학부 재학 중에는 '그린 이니셔티브 펀드Green Initiative Fund'를 만들었고, 졸업 후에는 산타바바라대학교에서 지속가능성 부분 디렉터Sustainability Director로 근무했다. 유년 시절의 대부분은 LA에서 보낸 것으로 알려졌는데, 도시의 극심한 교통 체증을 경험하면서 교통과 운송에 대한 관심이 어렸을 때부터 많았다고 한다. 그의 관심 키워드를 정리하면 '환경' 그리고 '운송'으로 요약할 수 있는데, 이는 리프트가 지향하는 방향과도 일맥상통한다. 회사가 차량의 소유를 공유로 전환하여 불필요한 이동을 줄이고, 이를 통해 더 나은 환경을 만드는 미래를 그리고 있기 때문이다.

공동 창업자인 존 지머는 로건 그린과 상당히 대조적인 커리어를 쌓았다. 그는 미국 아이비리그 대학 중 하나인 코넬에서 호텔경영학을 전공하고, 졸업 후에는 리먼 브라더스의 부동산 금융부에서 근무하면서 엘리트 경영학도의 코스를 밟았다. 하지만 존 지머 역시 환경과 운송에 대한 관심은 무척 컸다. 그는 코넬대학교에 재학 중일 때 지역 개발 수업을 들으면서, 미국의 고속도로를 달리는 차량의 약 80%가 빈자리가 있는 상태로 운전한다는 사실을 알게 되었다. 그러면서 '이런 빈자리를 나눌 수 있다면 운송비를 절감할 뿐만 아니라 환경 오염을 줄이는 좋은 방법이 될 것'이라는 아이디어를 얻었다고 한다.

리프트의
사업 현황 및 전략

글로벌하게 사업을 전개하는 우버와 달리 리프트는 북미 지역에서만 서비스를 운영한다. 두 회사 모두 자동차, 자전거, 스쿠터, 대중교통까지 아우르는 MaaS로 진화를 시도하고 있다. IPO 시점도 비슷하다. 리프트는 2019년 3월 28일에 약 25조 원의 기업가치를 인정받으며 나스닥에 데뷔했고, 우버는 리프트가 마켓에 데뷔하고 2주 후에

IPO를 진행했다. 하지만 양사의 전략에는 다소 차이가 있다.

일단 리프트는 운송 서비스에 집중하는 모습이다. 반면 우버는 우버이츠 사업 등을 통해 다양한 부가 사업을 전개하고 있다. 실제로 우버의 다라 코스로샤히 CEO는 한 행사에서 "아마존이 책으로 시작했다면 우리는 자동차로 시작한 것이 다를 뿐이고, 우버는 운송 업계의 아마존이 되기를 희망한다."라고 말한 바 있다. IPO 준비 시 제출한 서류에도 이런 내용들이 언급되어 있다. 반면 리프트의 경우 어떤 맥락에서도 아마존을 유사 플레이어로 정의한 바 없다. 리프트 역시 생필품 배달 등 배달 대행 시장으로 진출하는 모습을 보이고는 있지만 아직까지 부가 사업의 무게감은 미미하다.

리프트의 매출은 우버의 5분의 1 수준이다. 2020년 기준 약 27억 달러의 매출을 기록했는데 같은 기간에 우버는 약 111억 달러의 매출을 올렸다. 리프트 역시 코로나19로 인한 실적 하락을 피해가지는 못했다. 2018년과 2019년에는 각각 103.5%, 66.5%의 성장률을 기록했지만 2020년 수치는 -34.6%로 전년 대비 매출이 크게 줄어든 모습을 보였다. 영업손실 역시 만만치 않다. 2019년부터 손실 폭은 꾸준히 감소하는 모습이지만 여전히 조 단위의 손실을 기록하고 있다. 우버와의 경쟁에서 살아남기 위해 상당 금액을 프로모션으로 사용할 수밖에 없고, 이러한 시장구조로 인해 비용 개선이 쉽지만은 않은 상황이다. 하지만 EBITDA* 적자에서 약 13%를 차지했던 자율주행 사업을 매각하는 등 체질 개선을 위한 노력을 지속하고 있다.

그 대신 앞서 잠시 언급했듯 핵심 서비스인 '차량공유'와 '교통 서비스'에 더 집중하는 모습이다. 공공기관들과 함께 대중교통 정보 서비스를 론칭했고, 전기자전거 공유 기업인 '바이크타운'을 2021년부터 운영 중이다. 렌터카 업체와의 M&A를 통해 차량 렌트 사업도 적극적으로 확장하고 있다. 자율주행, 로보택시와 같은 신규 사업들은 '웨이모' 같은 혁신 기업들과의 협업을 통해 사업 비용을 낮추고 실리를 챙기는 전략을 취하고 있다.

결국 리프트의 사업 전략은 회사의 대표인 로건 그린의 창업 철학과 배경으로 연결된다. 운송의 방식을 개선하여 환경 문제를 해결하려는 의지가 여전히 느껴진다. 물론 경영자의 의사결정에는 여러 변수들이 존재한다. 아마 리프트에게는 '우버'라는 경쟁자가 가장 큰 고민 포인트일 것이다. 하지만 때로는 회사의 비전이 이 모든 것들을 뛰어넘기도 하며, 리프트에서 그런 모습들이 보인다.

현실적으로 리프트가 북미 시장에서 우버의 위치를 차지하기는

---

* 감가상각 전 영업이익. 기업이 영업 활동으로 벌어들이는 현금 창출 능력을 나타내는 지표이다.

리프트의 모빌리티 서비스 연혁

연도	내용
2014	카셰어링 서비스 출시
2015	차량공유 기업 최초 로스엔젤레스 공항 픽업 서비스 출시 대중교통 기관과 첫 파트너십 체결
2016	저가 렌터카 서비스 '익스프레스 드라이브' 출시
2018	헬스케어 제공자들에게 차량 서비스 제공 '모티베이트' 인수, 자전거 공유 서비스 제공 대중교통 정보 서비스 '니어바이 트랜짓' 출시
2020	렌터카 파트너 업체 '플렉스 드라이브' 인수 렌터카 업체 '식스트'와 제휴를 통해 렌트 서비스 확장
2021	전기자전거 공유 기업 '바이크타운' 운영

• 출처: 우버, 미래에셋증권

어려운 것이 사실이다. 다만 누구도 넘보기 어려운 2등 플레이어를 말하는 거라면 얘기는 다르다. 리프트의 입지가 무척 단단하기 때문이다. 우버와 리프트가 경쟁하고 있는 북미 모빌리티 시장의 파이는 점점 더 커지고 있다. 리프트에게도 기회가 있다는 뜻이다. 리프트가 풀고 싶은 핵심문제Key Question가 '어떤 것What'인지는 명확하다. 관건은 '어떻게How'다. 여기서 리프트가 제시할 답안지가 북미 시장의 주요 관전 포인트가 될 것이다.

다만, 투자자의 관점에서 우버와 리프트 중에서 한 가지를 선택하라고 한다면 답변은 상당히 명확해진다. 필자는 시장의 본질이 꽤나 잔인하다고 믿는 편이다. 1등과 2등은 자연수로는 '1' 차이뿐이지만, 빅테크 세계에서는 그 이상을 내포한다. 리프트가 우버를 뛰어넘을 확률은 사실상 '0%'에 수렴한다.

미국의 워런 버핏, 한국의 존 리 대표의 투자 철학은 단순하다. "매력적인 섹터의 1등 주식을 할인된Discounted 가격에 산다. 그리고 장기 보유한다." 말은 참 쉽지만, 실행은 늘 고통스러운 법이다. 누구나 이처럼 할 수 있다면 세상 모두가 부자가 되지 않겠는가?

우버의 새로운 먹거리, 우버이츠

우버 배달
사업의 성장

우버의 뿌리는 차량공유 서비스다. 하지만 코로나19 이후 주력 사업이 바뀌는 모습이다. 우버이츠Uber Eats가 바로 그 주인공이다.

우버가 음식 배달 사업인 우버이츠를 시작한 때는 창업 5년 후인 2014년이었다. 한국의 배달의민족과 쿠팡이츠처럼 '레스토랑, 배달자, 소비자'를 연결해주는 플랫폼이다. 차량공유만큼 실적을 내지 못했던 우버이츠는 코로나19 기간에 폭발적으로 성장했다. 2020년 2분기에는 거래액이 약 70억 달러로 전년 동기 대비 2배 이상 늘어나면서 음식 배달 매출이 차량호출의 매출을 추월했다. 2009년 창업 이후 처음 있는 일이었다. 코로나19로 이동이 제한되면서 차량공유 부분의 매출이 급감한 것을 감안하더라도, 우버이츠 입장에서는 의미 있는 마일스톤을 달성했다고 볼 수 있다.

향후 전망도 긍정적이다. 팬데믹을 계기로 음식 배달 서비스를 이용하는 것이 일상화되면서 우버이츠의 지속적인 성장이 예상된다. 여기에 더해 관련 투자도 공격적으로 집행하고 있다. 우버는 2020년 미국 4위 음식 배달 서비스 업체인 포스트메이츠Postmates를 약 27억 달러(한화 약 3조 원)에 인수했다. 2021년 2월에는 주류 배달 업체인 드리즐리Drizly를 약 11억 달러(한화 약 1.2조 원)에 사들이며 우버이츠와 통합했다.

신규 사업 및
잠재적 리스크

최근에는 음식 배달, 주류 배달을 넘어 '대마초 배달'에도 관심을 두고 있다. 해외에서는 주류 시장만큼이나 대마초 시장을 성장 잠재력이 큰 마켓으로 구분한다. 미국의 투자은행인 코웬Cowen Inc.은 합법적 대마초 산업이 2025년까지 한화 약 45조 원 규모로 성장하고, 2030년에는 한화 약 111조 원 규모에 달할 것으로 전망하고 있다. 우버가 성공적으로 대마초 배달 시장까지 선점할 수 있다면 또 다른 성장 동력을 확보할 수 있을 것으로 보인다.*

시장점유율 관점에서는 차량공유 사업만큼 압도적인 모습을 보이고 있지는 않다. 우버이츠의 핵심 시장인 미국의 1위 음식 배달 업체는 도어대시DoorDash다. 도어대시는 2020년 기준 약 45%의 시장 점유율을 기록했다. 우버이츠의 시장점유율은 약 30% 수준인데 이는 최근 인수한 포스트메이츠의 거래액까지 흡수한 수치이다. 이처럼 경쟁이 치열하다 보니 여전히 사업 자체는 적자인 상황이다. 단, 포스트메이츠 인수 효과 등으로 뉴욕과 LA에서는 점유율 1위를 달성했고, 2021년 3분기 EBITDA 역시 손익분기점에 가까운 수준으로 개선되었다.

---

* 우버가 인수한 드리즐리도 랜턴(Lantern)이라는 자회사를 통해 대마초 배달 서비스를 제공하지만 해당 사업은 인수합병 범위에 포함되지 않은 것으로 보인다. 랜턴은 대마초가 합법인 미국의 몇몇 주에서 사업을 운영하고 있다.

리스크도 존재한다. 앞서 설명한 차량공유 기사들처럼 음식 배달원과 같은 플랫폼 노동자들을 독립 사업자가 아닌 직원으로 분류하고, 실업보험·연금 등을 제공해야 한다는 의견이 지속적으로 논의되고 있다. 더불어 미국 지방 정부들은 배달 업체들의 수수료를 규제하는 법안을 발의했다. 우버이츠 같은 음식 배달 플랫폼들이 레스토랑에서 받을 수 있는 광고 수수료와 배달 수수료를 각각 음식 가격의 5%와 15%를 초과할 수 없도록 규정한 것이다. 플랫폼 사업자들이 최고 30%에 가까운 수수료를 챙기는 행위가 부당하다는 식당 사업자들의 건의가 반영되었다. 우버와 도어대시 등은 법으로 수수료를 제한하는 행위가 위헌이라는 입장이고 이에 대한 법적 대응을 진행하고 있다.

배달 사업은 그랩과 우버가 코로나19 위기를 헤쳐 나가는 데 큰 힘이 되었다. 다만 그랩의 경우 배달 이외에도 '디지털 금융'이라는 메가 사이즈 프로젝트를 진행하고 있는 반면, 우버는 차량공유와 배달이라는 두 가지 사업 영역에 철저하게 집중하는 모습이다. 특히 배달 사업 안에서 음식뿐만 아니라 식료품, 주류, 대마초 등 다양한 카테고리를 확보하는 전략을 취하고 있다. 업계 전문가들은 이를 두고 우버가 '배달 업계의 아마존이 될 수 있다'는 분석을 제시하기도 했다.

회사의 미래를 정확하게 예측하는 것은 무척 어려운 일이다. 그럼에도 불구하고 우리는 우버가 배달 사업에서 매우 강력한 경쟁력을 갖추고 있다는 것을 잘 알 수 있다. 차량공유 사업을 통해 축적한 데이터와 노하우는 말 그대로 압도적이다. 드라이버의 경로를 최적화하는 기술부터 고객의 수요를 예측하는 역량까지 부족한 부분이 없어 보인다. 여기에 더해 이미 수억 명의 사용자를 확보한 플랫폼의 네트워크 효과는 후발 주자들이 쉽게 쫓아갈 수 없는 강력한 진입장벽을 구축하고 있다.

우버 배달 사업의 잠재력은 충분하다. 이미 시장에서도 어느 정도 숫자로 검증된 단계까지 올라왔다. M&A를 통한 사업 영역 확장도 차근차근 잘 진행되는 모습이다. 하지만 기대치가 높은 만큼 부담도 커지는 법이다. 월가가 주목하는 우버 배달 사업의 엔드픽처가 더 궁금해진다.

우버는 한국에서 카카오를 이길 수 있을까?

우버 한국 사업의 과거와 현재

우버는 그랩과 달리 한국에서도 서비스를 제공하고 있다. 물론 우버의 전체 매출에서 한국 사업이 차지하는 비중이 미미하므로 경영진의 우선순위에서 꽤 밀려 있는 것이 현실이다.

하지만 2021년에는 의미 있는 이벤트가 있었다. 우버와 티맵모빌리티가 함께 합작법인 우티UT를 출범한 것이다. 티맵모빌리티는

티맵모빌리티 주주 현황 (2021년 기준)

주주	지분율
SKT	67%
Uber Singapore Technology	4%
기타	29%

SK텔레콤의 자회사로 국내 1위 내비게이션 앱 '티맵'을 운영한다. 티맵모빌리티는 우버와 사모펀드로부터 약 4,500억 원의 투자를 유치하면서 1.4조 원 수준의 기업가치를 인정받았다. 카카오모빌리티에 대항할 만한 또 하나의 국내 모빌리티 플랫폼이 탄생한 것이다. 합작법인의 대표는 우버의 한국 총괄인 톰 화이트가 맡았다. 화이트 대표는 2015년에 우버에 입사해 일본, 베트남 등에서 글로벌 사업 운영을 담당했다.

전 세계 900여 개 도시에서 유관 기술 및 노하우를 축적한 우버와 티맵의 연합은 상당한 시너지를 창출할 것으로 예상된다. 티맵은 월간 실사용자 1,250만 명을 보유하고 있으며 시장점유율은 75%에 육박한다. 우티는 티맵을 활용하여 다양한 모빌리티 사업을 전개할 수 있다. 우버와 티맵의 합작법인은 우버택시, 우버블랙, 티맵택시 등 각사의 호출 서비스들을 하나로 묶을 계획이다. 사용자 인터페이스와 시스템은 우버의 것을 따르고 있다. 티맵의 후신이라기보다는 한국 우버 택시의 후속작이라고 보는 게 더 적절하다.

우버가 합작법인을 설립해 새로운 브랜드를 만든 것은 한국이 처음이다. 국내 택시 시장은 연 10조 원 규모로 작지 않다. 마켓 사이즈는 크지만 아직 충분히 디지털화되지 않았기 때문에 우버가 매력을 느낄 요소들은 충분히 존재했다.

그러나 이러한 우버의 도전은 이번이 처음이 아니다. 승차공유 서비스 '타다'와 '카카오모빌리티'보다 먼저 국내 모빌리티 규제의 쓴맛을 경험했다. 2014년 자가용 승차공유 서비스 '우버X'를 론칭했지만 택시 업계의 반발과 정치권의 압박으로 1년도 버티지 못하고 사업을 철수한 적이 있다. 우버가 고전하는 사이 카카오모빌리티는 법적 테두리 안에서 택시호출 중개 서비스*를 시작하며 업계 1위 자리를 차지했다.

---

* 우버가 시도했던 자동차 승차공유 서비스는 택시 면허가 없는 기사들과 승객을 매칭해주는 서비스였다. 반면 카카오의 차량호출 중개 서비스는 기존의 택시들을 승객과 연결해주는 플랫폼 역할만을 했기 때문에 택시 업계의 호응을 이끌어내며 마찰을 최소화할 수 있었다.

한국 시장점유율 확장을 위한 우버의 전략

비싼 레슨비를 지불한 우버는 우티를 통해 새로운 방향을 제시했다. 일단 '국내법 준수'를 반복하여 강조하고 있다. 과거 추진했던 자가용 승차공유 서비스 대신「여객자동차 운수사업법」이 보장하는 가맹택시*와 택시호출 중개 서비스에 집중하는 모습이다. 마침 관련 규정도 더 명확해졌다. 2019년 타다 사태**를 겪으면서「택시운송사업의 발전에 관한 법률(이하 택시발전법)」등이 개정되었다. 법적 기준이 재정비되면서 규제 불확실성이 상당 부분 해소됐다. 든든한 우군도 얻었다. 이제는 국내 1위 내비게이션 앱인 티맵이라는 파트너와 함께 시장을 개척하고 있다.

하지만 여전히 갈 길은 멀다. 2021년 12월 기준으로 우티의 주간 이용자 수는 20만 명까지 빠르게 증가했지만, 카카오T(약 510만 명)에 여전히 밀리고 있다. 그 격차를 줄이기 위한 노력으로 새로운

---

* 기존 택시 회사가 수수료를 내고 우버, 타다와 같은 브랜드를 사용하는 것을 뜻한다.
** '타다'는 11인승 이상, 15인승 이하의 승합차를 빌릴 경우 운전자를 알선할 수 있다는「여객자동차 운수사업법」조항을 근거로 영업을 하였으나, 택시 업계의 반발과 이를 의식한 국회와 정부가 '타다금지법'을 제정해 해당 서비스를 막으면서 사업을 중단하게 되었다.

신규 서비스들을 기획하고 있는데, 그중 하나로 '우티풀'이라는 합승 중개 서비스를 준비 중이다(2022년 2월 기준). 한국에서는 승객의 안전 문제 등을 이유로 1982년에 택시 합승을 금지한 바 있다. 하지만 2021년에 택시 합승 금지 규정에 예외 조항을 추가하는 택시발전법 개정안이 국회를 통과하면서 40년 만에 합승 서비스가 법적으로 허용되었다. 우버는 이미 합승 서비스인 '우버풀'을 미국을 포함한 해외 여러 국가에서 운영하고 있는데, 우티는 관련 노하우를 활용하여 반박자 빠르게 국내 시장을 공략할 예정이다(이 외에도 택시 수요가 몰리는 혼잡 시간에 빠른 배차를 제공하는 '우티플래시'도 기획하고 있다).

톰 화이트는 2021년 11월 기자간담회에서 "우버가 보유한 최고의 풀링(합승) 알고리즘을 국내 최초로 택시에 적용할 것"이라고 밝히며 "우티플이 한국 택시 시장의 게임체인저가 될 것"이라고 말했다.

필자가 생각하는 우티의 가장 큰 장점은 글로벌 범용성이다. 타다, 카카오T의 경우 국내에서만 서비스를 사용할 수 있지만, 우티 고객들은 우버가 운영되고 있는 1만여 개의 해외 도시에서 기존 우티 앱으로 우버의 서비스를 사용할 수 있다. 반대로 외국 이용자들은 한국 방문 시 기존에 사용하던 우버 앱으로 한국의 우티 택시를 호출할 수 있게 되었다. 기사와 승객 간 의사소통을 도와줄 메시지 번역 기능도 앱 안에 탑재했다. 코로나19로 한국을 찾은 외국인 관광객 수는

2021년 기준 96만 명에 불과했지만, 팬데믹 이전에는 해당 수치가 1,500만 명을 돌파한 적도 있었다. K-pop, K-drama 등이 세계적으로 큰 사랑을 받고 있기 때문에 회복에 대한 기대감이 크다. 따라서 코로나19가 완화되면서 외국인 관광객 숫자가 증가하면 우티의 가치는 더 높아질 것으로 보인다.

우티의 법인 등기부등본을 보면 사업의 주목적 중 하나로 '항공소형 여객운송수단'이 포함되어 있는데, 이를 통해 하늘을 나는 택시인 '플라잉카'에 대한 관심 또한 확인할 수 있다. 물론 일반적으로 등기 시 사업 목적을 최대한 광범위하게 기재하기는 하나, 우티의 머릿속에서 하나의 옵션 정도로는 존재하고 있음을 감지할 수 있다. 이 밖에도 전동킥보드, 자전거, 대리운전 등 각종 모빌리티 사업에서 카카오와 주도권 경쟁을 펼칠 확률이 높다.

우버의 한국 사업 성공 여부에 대한 전망을 내놓기는 아직 이르다. 하지만 두 가지 포인트는 분명 눈여겨볼 필요가 있다. 첫째는 우버가 과거의 실패를 반면교사로 삼고 있다는 것이고, 둘째는 회사가 SK텔레콤이라는 극강의 파트너를 찾아 시장을 '함께' 만들고 있다는 점이다. 한국 시장에서 카카오모빌리티의 지배력을 뛰어넘기는 결코 쉽지 않겠지만 우버가 글로벌 사업을 통해 축적한 노하우 역시 무시할 수 없는 변수이다.

매각했으나 포기할 수 없는 자율주행차 사업

우버는 2020년 자율주행차 사업인 '어드벤스드 테크놀로지스 그룹 ATG, Advanced Technologies Group'을 매각했다. 인수 회사는 미국 스타트업 '오로라Aurora'다. 오로라는 자율주행 관련 소프트웨어, 인지 센서 및 제어 기술, 백엔드 솔루션 등을 개발한다. 특히 세계적인 수준의 기술력을 보유한 곳으로 알려졌는데, 우버의 기술 개발 담당이었던 드류 베그넬, 테슬라의 오토파일럿 총괄인 스털링 엔더슨, 구글의 자율주행 책임자인 크리스 엄슨 등이 모여 만든 스타트업이다. 국내에서는 현대차그룹이 2019년 2천만 달러의 벤처투자를 집행한 기업으

오로라 x 우버 자율주행 콘셉트카 • 출처: Aurora, AI Times

로 잘 알려져 있다. 오로라는 우버 ATG 인수를 통해 자율주행 엔지니어 700명과 더불어 우버가 보유한 610건의 특허 포트폴리오를 확보하게 되었다.

우버는 한때 미래 성장을 위한 핵심 동력으로 자율주행 사업을 꼽았다. 2015년부터 약 10억 달러가량을 투자했는데, 회사의 전 대표이자 창업자인 트래비스 캘러닉이 공을 많이 들였던 사업이다. 하지만 캘러닉이 2017년 6월 대표 자리에서 물러나고, 다라 코스로샤히가 후임 CEO로 오면서 수익성 높은 핵심 사업에 집중하는 전략을 취하며 사업을 매각했다. 단기적인 성과를 기대하기 어렵고 지속적인 투자가 필요한 자율주행은 사업 우선순위에서 밀릴 수밖에 없었다.

여러 가지 악재도 겹쳤다. 2017년에는 구글의 자회사인 웨이모가 우버를 기소했다. 웨이모의 직원이 우버로 옮기면서 핵심 정보를 유출했다는 게 소송의 이유였다. 2018년에는 인명 사고도 있었다. 우버의 자율주행 트럭이 사람을 치는 사고가 발생했던 것이다. 여기에 더해 코로나19 팬데믹까지 장기화되면서 우버의 경영진은 피해를 최소화하기 위해 선제적인 조치들을 취해야만 했다.

자율주행 사업에 대한
우버의 의지

그러나 이번 매각으로 우버가 자율주행 사업을 포기했다고 보기는 힘들다. 우버는 자율주행 사업부를 매각했지만 동시에 오로라에 4억 달러 규모의 투자를 집행하면서 지분 26%를 확보했다. 우버의 우호 기관인 소프트뱅크의 비전펀드도 오로라의 주요 주주 중 하나이다. 우버가 필요한 순간이 되면 바로 'Go' 사인을 보낼 수 있는 구조라는 뜻이다. 실제로 다라 코스로샤히는 오로라의 이사회 멤버Board

Member로 합류했다. 주요 의사결정을 함께 함으로써 우버의 이익에 반하는 움직임에 제동을 걸 수 있는 장치를 만든 것이다.

코스로샤히 대표는 매각 발표 후 미국 경제매체 CNBC와의 인터뷰를 통해서 회사가 자율주행 사업을 포기하는 것이 아님을 명확하게 밝히며 다음과 같이 얘기했다.

"이번 인수합병의 본질은 자율주행 사업 분야의 선두 주자들이 한 팀이 된다는 것이다. 이를 통해 압도적인 1위 업체가 탄생할 것이고 우리가 구상했던 자율주행의 미래가 현실화될 수 있을 것으로 기대한다. 그렇기 때문에 우리에게 우버 ATG와 오로라의 합병은 무척 설레는 일이다."

우버의 자율주행 사업부 매각은 시험 주행 중 사고, 코로나19 등으로 인한 부담에 기인하지만 회사는 언제든 다시 사업을 진행할 여지를 남겨두었다. 오히려 우버 ATG와 오로라의 합병을 통해 자율주행차 기술을 개발하고 핵심 인력들을 확보하는 속도는 더 빨라질 것으로 예상된다. 오로라가 자율주행 기술을 현장에 도입할 수 있을 만큼 완성도를 끌어올린다면 우버는 본인들의 플랫폼 파워를 활용하여 차량공유, 배달 사업에 공격적으로 도입할 것이다.

필자는 '자율주행'이 우버가 그리는 미래 그림의 핵심 키워드가 될 것이라 예상한다. 포기할 수 없는 사업이라는 표현이 적절한 것 같다. 세부적인 내용은 이어지는 PART 5에서 조금 더 얘기해보도록 하자.

PART 5
새로운 미래에는 반드시 그랩과 우버가 있다

포기할 수 없는 미래, 자율주행 서비스

인도네시아 자카르타에 살고 있는 브라이언은 출근 시간에 맞춰 그랩 차량을 자동운전 모드로 호출한다. 운전석이 따로 없는 차에 앉으면 음성 비서가 오늘의 날씨와 일정을 알려준다. 도심 도로를 달리지만 운전자는 없다. 교통 체증이 심한 자카르타지만 그랩의 자율주행 플랫폼이 최적의 길을 찾아 자동으로 운전한다. 자율주행 택시가 회사로 향하는 동안 브라이언은 차량에 탑재된 모니터를 통해 한국에 있는 기영이와 온라인 미팅을 진행한다. 회사에 도착해 차에서 내리면 모바일결제를 통해 자동으로 요금이 정산된다.

차량공유 서비스와 자율주행 기술이 결합된 미래의 모습이다. 아직까지는 관련 기술이 완전하지 않지만 일부는 이미 상용화를 눈앞에 두고 있다.

그랩과 우버가 자율주행 사업에 관심을 가지는 이유

그랩, 우버와 같은 모빌리티 플랫폼은 궁극적으로 자율주행 서비스를 추구할 것이다. 여러 이유가 있지만 일단 무엇보다 드라마틱한 효율성 개선이 가능하다. 우버의 실적 자료를 분석해보면 건당 총매출 Gross Revenue이 약 12달러인 반면 순매출 Net Sales은 2달러 수준에 불과하다. 상당 부분이 드라이버에게 정산되는 구조인데, 플랫폼 노동자에 대한 처우를 개선하기 위한 여러 법안들이 발의되고 있다는 점을 감안하면 해당 수치는 더 안 좋아질 수도 있다.

결국 순매출 인식률을 개선하기 위해서는 자율주행 기술에 관심을 가질 수밖에 없다. 완전 자율주행이 아닌 부분적 자율주행만 적용해도 상당한 효과를 기대할 수 있다. 예컨대 대부분의 차량 사고가 주정차 시 발생하므로 자율주차 시스템 정도만 도입해도 사고율을 낮추고 관련 비용을 절감할 수 있다. 우버의 경우 2020년 기준으로 승객이 지급한 요금의 77%를 운전자가 가져간다. 이를 근거로 일부 증권사들은 모빌리티 서비스 업체들이 자율주행 도입 시 최대 80% 수준의 수익 상승 효과가 있을 것으로 예상하고 있다.

미국의 신기술 연구소인 리싱크엑스RethinkX는 그랩, 우버와 같은 차량공유 업체들이 자율주행차 기술을 적극적으로 도입할 것이며, 향후 10년 내에 전체 이동의 95%가 자율주행으로 재편될 것이라 전망했다. 실제로 중국의 우버로 불리는 디디추싱도 볼보와 함께 자율주행차 개발을 진행할 것이라고 발표했다. 볼보 XC90 차량에 디디추싱의 자율주행 시스템을 탑재하는 구조다. 구글의 자율주행 계열사인 웨이모는 2021년에 미국 샌프란시스코에서 자율주행 로보택시를 시범적으로 시작했다. 아직은 기술적으로 완성 단계가 아니기 때문에 예기치 못한 시나리오가 발생하면 인간 운전자가 곧장 개입하게 된다.

기존의 완성차 업체들도 공유 모빌리티 사업을 기획하고 있다. 그만큼 매력적인 시장이라는 뜻이다. 대표적인 예로 테슬라가 있다. 테슬라는 스마트폰을 사용해 승객과 가장 가까이 있는 테슬라 차량을 배차하고, 배차된 차량을 자율주행 모드로 목적지까지 이동시키는 서비스를 구상하고 있다. 회사의 대표인 일론 머스크는 "테슬라가 로보택시 개발에 성공할 것을 90% 확신한다."라고 이야기한 바 있다.

하지만 자율주행을 기반으로 하는 로보택시의 주도권은 차량공유 플랫폼들이 가져갈 확률이 높다. 차량공유 플랫폼들이 확보한 이용자 수와 축적한 데이터의 양이 이미 압도적으로 많기 때문이다. 그랩 앱의 누적 다운로드 수는 이미 2억 건을 돌파했고 우버의 월간 활성이용자수MAU는 약 1억 명 수준이다.

양사는 이미 어마어마한 규모의 유관 데이터를 확보하여 이를 서비스 운영에 적용하고 있다. 머신러닝, 인공지능 기술을 활용해 지역별·시간별 수요를 예측하여 드라이버들을 배치한다. 그렇게 되면 자연스럽게 가동률이 높아질 수밖에 없는데, 실제로 우버의 가동률은 약 50% 수준으로 미국의 평균 택시 가동률인 33%보다 유의미하게 높다. 테슬라 같은 완성차 업체들이 기술적으로는 유사 서비스를 제공할 수 있겠지만 플랫폼으로서의 역할을 대체하기는 어려울 것이다. 그랩, 우버와 같은 모빌리티 플레이어들의 입지가 더 단단해질 수밖에 없는 이유다.

자율주행은
선택이 아닌 필수

결국 관건은 시점이다. 향후 자율주행 기술이 4단계* 이상으로 올라오고 5G가 본격화되면 관련 서비스 시장이 가파르게 성장할 것으로 예상된다. 규제 문제도 있다. 국가별로 자율주행 택시에 대해 어떤 입장을 취할지도 중요한 변수 중 하나다. 기존 드라이버들의 반발도 만만치 않을 것인데, 차량공유 플랫폼들이 어떤 방식으로 갈등을 해소할지 눈여겨볼 필요가 있다.

그럼에도 불구하고 그랩과 우버에게 자율주행은 포기할 수 없는 서비스다. 지속적으로 문제가 되고 있는 사업 수익성을 개선하고 현재의 압도적인 시장점유율을 유지하기 위해서는 선택이 아닌 필수 사업이다. 앞서 언급했듯 우버가 자율주행 사업부를 매각했지만 인수 회사인 오로라의 지분을 확보하고 향후 협력을 도모한 결정도 이런 이유에서다. 그랩 역시 자율주행 택시 도입을 위해 노력 중이다.

---

* 운전자가 모든 운전 조작을 하는 기존 자동차가 0단계, 어떤 조건에서도 운전자 없이 주행할 수 있는 완전 운전 자동화 단계를 5단계로 본다. 4단계는 자율주행차가 알아서 달리고 긴급 상황이 발생해도 자율주행 시스템이 알아서 처리하는 수준이지만, 해당 기능을 정해진 특정 구간(도로)에서만 사용할 수 있는 단계이다.

최근에는 상장 준비에 대부분의 자원을 집중했지만, 그랩은 싱가포르에서 이미 자율주행 택시를 시범적으로 운영한 바 있다. 그랩의 밍마 대표는 과거 니혼게이자이신문(일본경제신문)과의 인터뷰에서 완전 무인 자율주행 택시 상용화에 대한 의지를 직접적으로 표출한 바 있다.

또한 그랩과 우버에는 소프트뱅크라는 연결고리가 존재한다. 자율주행에 대한 소프트뱅크의 의지는 참으로 대단하다. 손정의 회장은 세계경제포럼에서 자율주행차가 자동차 산업과 인간의 삶을 통째로 바꿀 것이라고 주장했다. 물론 의사결정은 경영진의 몫이지만, 대주주의 의견은 회사의 방향성을 설정하는 데 직간접적인 영향을 미칠 수밖에 없다. 특히 그랩과 우버는 더욱 그러하다. 앞에서도 언급했듯 소프트뱅크는 핵심 주주이자 중요한 동반자이기 때문이다.

양사의 여러 화살표가 같은 곳을 향하고 있다. 자율주행 서비스, 그랩과 우버가 포기할 수 없는 미래다.

자율주행과 블록체인이 만나면?

"19세기에 자동차가, 20세기에 인터넷이 나왔다면, 21세기에는 블록체인이 있다."

세계적인 미래학자 돈 탭스콧의 말이다. 미국 실리콘밸리의 VC들은 블록체인을 '제2의 인터넷' 또는 '웹 3.0'이라고 부른다. 중앙서버에서 모든 데이터와 정보를 관리하는 현재의 인터넷 구조는 필연적인 리스크를 수반한다. '메타Meta'로 사명을 변경한 세계적인 인터넷 기업 페이스북도 고객들의 정보를 지켜내지 못했고, 국내 최고의 금융 회사인 삼성증권은 직원 한 명의 실수로 시스템이 무너진 적이 있다.

하지만 블록체인은 다르다. '분산원장Distributed Ledger'을 활용하여 탈중앙을 지향한다. 여기에 '스마트 계약Smart Contract'이라는 기술이 더해지면 코드Code 기반으로 시스템을 운영하여 사람의 개입을 최소화한다. 이를 통해 보안성과 투명성이 높은 '신뢰의 P2P 네트워크' 환경을 제공한다. 블록체인 기술의 상징이 된 '비트코인'과 '이더리움'의 경우 비밀번호를 포함한 개인정보가 단 한 번도 해킹된 적이 없다. 기존 웹 2.0에서는 개인정보를 다루는 데 있어 해킹을 비롯한 너무나도 많은 문제가 존재한다는 점을 고려하면 블록체인이 인터넷의 미래(웹 3.0)가 될 것이라는 주장은 그리 허황되게 들리지 않는다.

그렇다면 블록체인과 자율주행이 만났을 때는 어떤 새로운 발전이 이루어질까? 자율주행차에 블록체인 기술을 탑재하려는 이유는 무엇일까?

가장 큰 이유는 바로 '보안'이다. 지난 2016년, 중국 텐센트의 한 부서에서 테슬라의 자율주행 전기차를 원격으로 해킹하는 데 성공했다. 테슬라는 즉각적으로 버그를 잡아 소프트웨어를 업데이트했지만, 만약 자율주행차가 상용화되었을 때 이런 일이 발생한다면 비극적인 일이 발생할 수 있다. 예컨대 달리는 차의 차선을 변경시키거나 급제동을 걸어버리면 운전자들은 큰 사고를 피할 수 없을 것이다. 사람의 목숨까지 위험해질 수 있다는 뜻이다.

자율주행차는 높은 보안성이 장점인 블록체인을 통해 이러한 문제점을 극복할 수 있다. 예전에는 해커들이 중간관리자Middleman 정보만 뚫으면 모든 데이터가 풀렸지만, 블록체인 네트워크는 분산처리를 하기 때문에 '한 놈만 패서'는 답이 없다. 데이터가 여러 참여자들에게 분산되어 있고 이들 모두가 (혹은 최소한 과반 이상이) 인정해줘야 하기 때문에 해킹이 더욱 어려워진다.

토요타는 이미 블록체인 기술을 자율주행차에 도입할 방안을 모색하기 위해 미국 MIT 산하의 미디어 랩 등과 제휴를 맺었다. 토요타는 우선 블록체인을 기반으로 하는 차량공유 플랫폼을 구축하는 방안을 제시했다. 이들이 구상하는 '자율주행차×차량공유'의 미래는 다음과 같다.

1) 플랫폼의 사용자가 토요타 플랫폼을 통해 차를 부른다.
2) 사용자가 '원하는 곳'에 '원하는 차량'이 올 수 있는지 확인한다. 토요타와 사용자 간의 조건이 맞으면 스마트 계약을 통해 자동으로 거래가 이루어진다.
3) 계약이 완료되면 해당 거래는 블록체인에 등록된다.
4) 사용자가 요청한 차량이 사용자가 있는 곳으로 '자율주행'하여 온다. 차 문을 열고 시동을 거는 권한은 사용자에게만 주어진다.
5) 자율주행 시 발생하는 데이터 역시 블록체인으로 관리한다. 이를 통해 운전자들을 해커의 공격으로부터 보호한다.

6) 고객이 원하는 목적지에서 하차한다.

7) 하차한 고객에게는 더 이상 차량 접근 권한이 없다. 차량의 통제권은 토요타가 다시 가져간다.

모든 도로에서 완전 자율주행차가 실현되려면 여전히 많은 시간과 기술 발전이 필요하지만, 미래 차 기술 개발은 활발하게 이루어지고 있고 자율주행은 분명 곧 현실이 될 미래다. 그리고 블록체인은 자율주행의 남은 퍼즐을 완성하기 위한 중요한 조각이 될 것이다. 자율주행을 기반으로 하는 차량공유, 배달 서비스를 구상하는 그랩과 우버도 눈여겨봐야 하는 트렌드다.

안전하게 데이터를 보호하고 관리하는 능력이 없다면 완전 자율주행은 불가하므로, 모빌리티 기업들의 눈은 이미 블록체인 기술을 향하고 있다.

택시를 타고
하늘을 나는 시대

필자가 초등학교를 다니던 1990년대에는 매년 과학 상상화 그리기 대회가 열렸다. 과학기술이 발전한 미래의 풍경을 그려보자는 취지에 맞춰 여러 주제들이 등장했는데, 단골 아이템으로 '사람을 돕는 로봇', '영상통화가 가능한 무선 전화기', '우주선을 타고 우주여행을 하는 사람' 그리고 '하늘을 나는 자동차' 등이 있었다. 흥미롭게도 이미 대부분의 기술들이 상용화되었거나 상용화를 할 수 있을 만큼 기술력이 올라왔다. 당시만 해도 까마득한 미래처럼 느껴졌는데 말이다. 이 중 '하늘을 나는 자동차' 정도만 아직 상용화되지 않았는데 이마저도 곧 일상생활에서 볼 수 있을 것으로 예상된다.

우버의
하늘을 나는 택시

우버의 에어택시 사업 부문과 M&A를 진행한 미국의 조비에비에이션Jobi Aviation은 5인용(조종사 1명+승객 4명) 에어택시를 개발해 2017년부터 1천 회 이상 비행 테스트를 진행했다. 2021년에는 1회 충전으로 약 242km 비행에 성공하며 에어택시로는 최장 비행 기록을 세웠고, 2024년에는 에어택시 서비스를 상용화하는 것을 목표로 하고 있다. 이에 맞춰 2021년 9월에는 미국항공우주국NASA과 함께 소음 측정 시험*에 돌입했는데, NASA가 직접 미국 에어택시의 성능 테스트에 참여하는 건 그만큼 도입 시점이 가까워졌기 때문으로 해

---

* 에어택시는 헬리콥터처럼 수직으로 이착륙하는 방식을 사용해 별도의 활주로가 필요 없다는 장점이 있다. 그 대신 양력과 추력을 얻기 위해 여러 개의 프로펠러를 달게 되는데, 이 프로펠러에서 발생하는 소음이 상당히 큰 편이다. 도심 속에서 에어택시를 상용화하기 위해서는 소음 문제를 해결하는 것이 중요하다. 따라서 이 문제를 해결하는 기업이 에어택시 시장의 키 플레이어가 될 확률이 높다.

석된다.

국내에서도 에어택시를 개발 중이다. 한국항공우주연구원이 현대자동차, 한화시스템 등과 함께 전기 수직 이착륙기를 준비하고 있다. 국토교통부는 2021년 9월 〈한국형 도심항공교통K-UAM 운용개념서 1.0〉을 발간했다. UAMUrban Air Mobility은 친환경 전기동력 수직 이착륙기를 지칭하는데, 하늘을 나는 에어택시가 대표적인 서비스 중 하나다. 국토부는 2025년부터 한국형 UAM을 도입하겠다는 입장이며 초기(2025~2029년), 성장기(2030~2034년), 성숙기(2035년 이후)로 구분하여 주요 지표들을 제시했다.

그랩과 우버 역시 차량공유 서비스와 배달 서비스에 '하늘을 나는 택시'를 적용할 수 있을 것이다. 예컨대 우버가 서비스 중인 미국 샌프란시스코에서 산호세까지 택시를 타고 가면 평균 130분이 걸리지만 에어택시로 대체하면 15분으로 단축된다. 그랩의 주력 시장인 인도네시아의 자카르타도 도심 속 교통 정체를 뚫고 통과하는 데 2시간이 넘게 걸리곤 하는데, 에어택시를 이용할 경우 그 시간을 드라마틱하게 줄일 수 있다.

실제로 우버의 경우 에어택시에 대한 구상을 2016년부터 밝힌 바 있다. 전기 항공택시를 개발해 혁신적인 운송 네트워크를 구축하겠다는 비전을 제시했다. 2019년 우버는 뉴욕 존에프케네디 공항에서 헬리콥터 서비스를 시작했다. 유저들에게 우버의 앱을 이용해 자동차 탑승이 아닌 항공편을 예약하고 부르는 경험을 제공하기 위함이었다. 그러나 우버가 에어택시 사업부인 '우버엘리베이트Uber Elevate'를 조비에비에이션에 매각하면서 관련 프로젝트들은 중단되었다.

시기상조였다. 일단 당시 항공 기술이 상용화될 만큼 완성도가 높지 않았고, 항공택시를 운영하기 위해서는 별도의 정류장을 만드는 등 대규모 인프라의 투자가 필요했다. 정부의 규제 승인도 득하지 못한 상황이었기 때문에 리스크가 너무 컸다. 여기에 더해 코로나 19로 실적 압박까지 받으면서 한발 물러설 수밖에 없었다.

하지만 앞서 설명한 자율주행 사업처럼 인수법인(조비에비에이션)의 지분을 대량 확보*하면서 사업을 재개할 수 있는 여지를 충분히 남겨두었다. 조비에비에이션은 2009년 창업하여 10년 이상 드론형 전기 항공기라는 한 우물만 판 회사다. 업계에서 가장 뛰어난 기술력을 보유한 회사 중 한 곳으로 알려져 있고, 항공택시라는 개념을 제일 먼저 제시한 개척자이기도 하다.

---

* 우버는 조비에비에이션에 약 1억 2,500만 달러(한화 약 1,400억 원)을 투자한 것으로 파악된다.

소유는 선택이다

그랩과 우버는 기본적으로 플랫폼의 DNA를 가지고 있다. 차량과 기사를 직접 소유하지 않고 '중개'를 통해 수수료를 받는 구조다. 이와 같은 방식으로 '하늘을 나는 택시'가 도입된다면, 그랩이나 우버가 직접 돈을 들여 에어택시를 개발할 필요가 없어진다. '에어택시 없는 에어택시 회사'가 가능하다는 뜻이다. 전문가들은 에어택시 기술이 완성도를 0%에서 90%로 올리는 것보다 90%에서 95%까지 올리는 것이 더 힘들다고 말한다. 플랫폼 회사는 큰 위험을 감수하면서까지 기술을 직접 개발할 필요가 없으므로, 우버가 우버엘리베이트를 매각하고 조비에비에이션과 협업을 택한 것은 현명한 선택이라는 의견이 지배적이다.

국내외 기업들은 '하늘을 나는 자동차'를 이미 미래의 먹거리로 구분하고 있다. 구글의 지주회사인 알파벳의 CEO 래리 페이지와 일본의 토요타는 관련 스타트업들에 투자를 집행하며 성장을 지원 중이다. 국내에서는 현대차가 2028년 상용화를 목표로 도심항공모빌리티 사업부를 신설했으며 SK텔레콤, KT, 카카오 등도 관심을 보이고 있다. 미국의 투자은행인 모건스탠리는 UAM 시장이 2040년까지

1조 달러(한화 약 1,200조 원) 규모까지 성장할 것으로 예상한다. 먼 미래가 아니라는 뜻이다.

상상은 현실이 된다. 그랩, 우버의 마크를 달고 도심 속 하늘을 달리는 에어택시가 우리 눈앞으로 가까이 다가왔다.

플랫폼 기업이 주도하는 디지털 금융 산업

세계 경제를 리드하는 기업들

글로벌 시가총액 Top 10 기업은 짧게는 5년, 길게는 10년 주기로 빠르게 변화하고 있다. 최근에는 인터넷 및 모바일 기술의 대중화 시기가 맞물리면서 기술Tech 기업의 가치가 오랜 기간 세계 산업을 이끌어온 전통 기업을 압도하고 있는 추세다. 그런데 한 가지 흥미로운 점이 있다. 바로 은행들의 입지가 예전만 못하다는 것이다.

글로벌 기업 시가총액 순위 변화 1989년 vs. 2018년

순위	1989년	2018년
1위	NTT(일본/1,638억 달러)	애플(미국/9,269억 달러)
2위	일본흥업은행(일본/715억 달러)	아마존(미국/7,778억 달러)
3위	스미토모은행(일본/695억 달러)	알파벳(구글)(미국/7,664억 달러)
4위	후지은행(일본/670억 달러)	마이크로소프트(미국/7,506억 달러)
5위	다이이치칸교은행(일본/661억 달러)	페이스북(미국/5,415억 달러)
6위	IBM(미국/646억 달러)	알리바바(중국/4,994억 달러)
7위	미쓰비시은행(일본/592억 달러)	버크셔해서웨이(미국/4,919억 달러)
8위	엑손(미국/549억 달러)	텐센트(중국/4,913억 달러)
9위	도쿄전력(일본/544억 달러)	JP모건(미국/3,877억 달러)
10위	로열더치셸(영국/543억 달러)	엑손모빌(미국/3,441억 달러)

• 출처: <조선일보>

　위의 차트는 글로벌 기업의 시가총액 순위 변화를 보여준다. 1989년에는 은행, 금융기관 5곳이 Top 10에 이름을 올렸다. 차트에는 없지만 2007년에는 중국공상은행이 글로벌 Top 5 안에 들었다. 한국도 마찬가지다. 2010년 기준으로 봤을 때 은행주 2곳(신한지주, KB금융)이 Top 10에 이름을 올렸다.

　하지만 최근에는 FAANG으로 대변되는 플랫폼 강자들이 등장하면서 글로벌 기업의 패러다임이 크게 변화한 모습이다. 물론 버크

2010년 기준 국내 시가총액 Top 10 종목

순위	종목명
1위	삼성전자
2위	POSCO
3위	현대차
4위	한국전력
5위	신한지주
6위	KB금융
7위	LG전자
8위	현대중공업
9위	SK텔레콤
10위	현대모비스

• 출처: 한국거래소

서해서웨이, JP모건과 같은 금융기관들은 여전히 상위에 오르고 있지만, 이들은 투자를 본업으로 하기 때문에 전통적인 은행과는 사업의 본질이 다소 다르다.

플랫폼 기업들은 본업에서 확보한 경쟁력을 바탕으로 '디지털 은행' 사업까지 영역을 확장하고 있다. 국내에서는 카카오를 대표적인 예로 들 수 있겠다. 카카오는 단순 모바일 메신저로 시작했지만 90%가 넘는 시장점유율을 기록하며 '국민 메신저'로 등극했다.

메신저를 통해 확보한 플랫폼 고객들을 기반으로 다양한 사업을 전개했고, 그중 하나였던 카카오뱅크는 30조 원이 넘는 시가총액을 인정받으면서 2021년 8월 코스피 시장에 상장했다. 카카오뱅크는 2021년 3분기 기준으로 이미 순방문자 1,300만 명을 달성했는데, 이는 2017년 7월 출범 이후 4년 만에 얻은 성과다. 이 기간 동안 고객들의 재방문율 Retention Rate 은 약 80% 수준인 반면 탈퇴 고객은 1%가 안 되는 것으로 파악될 만큼 충성도 높은 유저 확보에 성공했다.

유니콘 스타트업들의
성공 방정식

유니콘 반열에 오른 플랫폼 스타트업들을 보면 대부분 당장의 수익보다는 고객 확보를 최우선으로 했다. 진성 고객들이 충분히 모이면 플랫폼이 헤게모니 Hegenmony, 주도권 를 쥐게 되고, 그렇게 되면 자연스럽게 수익을 극대화할 수 있는 것이 플랫폼 사업의 본질이다. 이는 그랩과 우버에게도 동일하게 적용되는 공식이다.

그랩은 이미 운전자와 자영업자들에게 소액 대출을 해주는 '그랩파이낸셜'을 운영 중이다. 그랩 플랫폼에서 활동하는 드라이버와 그랩페이의 가맹점주 등이 회사의 주요 고객이자 잠재적 고객이다. 대출 금리는 그랩이 보유한 데이터를 기반으로 측정된다. 예컨대 그랩 운전사들이 대출을 받고자 할 경우 기존 은행들의 심사 기준과 달리 플랫폼 안에 축적된 고객 평점, 하루 평균 수입 같은 정보들이 금리 산출을 위해 사용된다.

앞서 설명했듯 동남아시아의 금융 인프라는 선진국 대비 열악한 편이다. 대출 자체를 받기가 어렵고, 받더라도 연 20% 이상의 고금리를 내야 하는 경우가 많다. 이들에게 그랩이 제공하는 '더 싸고 더 편한' 은행 서비스는 무척이나 매력적이다. 물론 대출이 전부가 아니다. 간편결제부터 운전기사들을 대상으로 하는 상해보험까지 다양한 금융상품들이 준비되어 있다. 그랩은 본사가 있는 싱가포르에서는 디지털 뱅킹 라이선스까지 받았다.

우버도 마찬가지다. 우버는 2016년에 미국 일부 지역에서 운전자들을 위한 무이자 현금 서비스 프로그램을 운영했다. 2019년에는 금융 서비스 전담 조직인 '우버머니'를 만들고 직불카드, 디지털카드 서비스 등에 진출한 바 있다. 코로나19로 약 25%가량의 인력이 감축되면서 금융 부문은 우선순위에서 밀리는 모양이지만, 핵심 사업들이 안정권에 진입하면 언제든 다시 시작할 수 있는 역량을 갖추고 있다. 시간이 지날수록 더 많은 데이터가 축적되고 플랫폼 네트워크는 더욱 견고해질 것이기 때문이다.

당연한 이야기지만 이 같은 황금 시장을 노리는 곳들은 그랩과 우버뿐만이 아니다. 동남아시아에서는 지역 1등 이커머스 플랫폼인 쇼피Shopee를 보유한 씨 리미티드가 인도네시아의 캐피탈뱅크Capital Bank를 인수하면서 본격적으로 금융업에 뛰어들었다. 그랩의 직접적인 경쟁사인 고젝도 자고은행을 인수하면서 은행 사업을 확장했다.*

심지어 스타벅스마저도 모바일 플랫폼을 활용한 은행 사업 진출을 검토하고 있다. 스타벅스의 모바일 앱은 미국에서만 약 2,300만 명이 사용 중이고, 국내에서도 2020년 기준 선불충전금 규모가 1,800억 원을 넘어서며 주요 경쟁 업체들보다 높은 수치를 기록하고 있다. 전 세계 80개국에 있는 예치금을 합하면 약 20억 달러(한화 약 2.4조 원) 수준이다. 미국 내 4,500여 개 은행 중 3,900개 은행의 총 자산이 10억 달러가 안 되는 상황에서, 스타벅스는 웬만한 은행들보다 2배 이상 많은 고객 예치금을 보유하고 있는 것이다.

---

* 고젝은 토코피디아와 인수하면서 고투그룹(GoTo Group)으로 재탄생했지만, 고투파이낸셜(GoTo Financial)을 별도 부문으로 둘 만큼 관련 사업을 적극적으로 추진 중이다.

말 그대로 은행의 패러다임이 변화하는 모습이다. 그리고 그 중심에는 모바일 플랫폼들이 자리하고 있다.

디지털 은행은
그랩과 우버의 새로운 먹거리

그랩과 우버가 디지털 은행에 도전장을 던지는 것은 어찌 보면 너무 당연한 일이다. 차량공유를 기반으로 그 누구보다 강력한 플랫폼 파워를 확보했기 때문이다. 지금처럼 빠르게 디지털 금융 환경으로 전환되는 시점에는 확보할 수 있는 고객 데이터의 양과 질이 회사의 가치를 결정하는 중요한 기준점이 된다. 그런 맥락에서 그랩과 같은 플랫폼은 흔히 말하는 '치트키' 수준의 경쟁우위를 가지고 있다.

다음 이미지에서 볼 수 있듯이 그랩은 동남아시아 사람들이 '하루 종일 사용하는 슈퍼앱'이다. 이는 다르게 말하면 사람들이 몇 시에 어디로 이동하고, 어떤 음식을 먹고, 어떤 물건을 구매하며, 어디에 머무는지까지 추적 가능하다는 뜻이다. 이런 양질의 데이터를 기반으로 맞춤형 은행 상품과 서비스를 제공하면 어떻게 될까? 심지어 동남아시아는 금융 인프라의 특수성으로 시장 또한 매력적이며 타

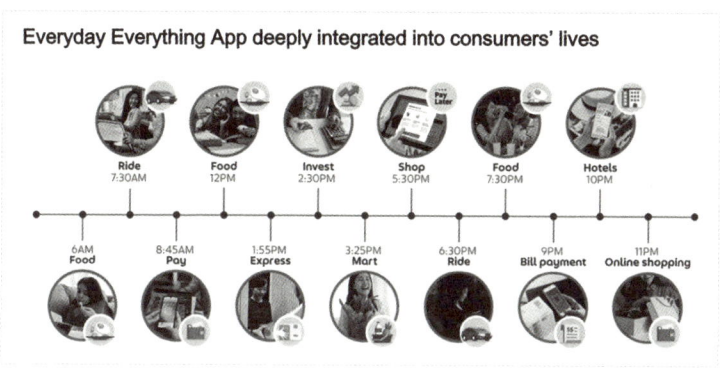

그랩 플랫폼 사용자 저니맵(Journey Map) • 출처: 그랩 IR 자료

깃 인구수도 한국의 10배 이상으로 많다. 이런 상황에서 디지털 뱅크는 새로운 해답이 될 수 있다. 시장성이 그야말로 무궁무진하다.

필자는 벤처캐피탈리스트vc다. VC 입장에서는 이런 격변하는 시대의 흐름 속에서 새로운 메가 트렌드를 파악해야 한다. 더 나아가서는 5년, 10년 후에 글로벌 시가총액 Top 10 안에 들 수 있는 기업들에 대한 고민이 필요하다. 이런 맥락에서 필자가 주목한 트렌드 중 하나는 '금융과 기술의 결합'이다. '핀테크FinTech' 혹은 '테크핀TechFin' 으로도 불리는데, 이 안에서도 여러 축들이 있겠지만 그중 '플랫폼 기업들을 중심으로 한 은행업의 재편'에 대한 기대감이 높다.

은행과 금융의 패러다임이 변화하고 있다. 누가 더 많은 고객과 고객 데이터를 확보하고 그 데이터를 얼마나 더 잘 활용할 수 있는지가 핵심적인 성공 요소가 될 것이다. 그랩, 우버와 같은 슈퍼앱들의 '별의 순간'이 다가오고 있다.

프로토콜 경제,
플랫폼에 크립토와 블록체인을 더하다

"프로토콜 경제는 플랫폼 기업에 의한 수동적인 분배가 아니라, 시스템에 의해 공정하게 분배가 이뤄질 수 있는 플랫폼 생태계를 지칭하는 개념이다. 이때 주목해야 할 게 '프로토콜'이라는 단어인데, 프로토콜은 컴퓨터 간 데이터를 교환할 때 수월하게 만들기 위해 사전에 정해놓은 규칙을 뜻한다. 규칙, 즉 시스템에 따라 참여자가 보상을 받으며 작동하는 경제 생태계라고 설명할 수 있다." (출처: 〈매일경제〉)

국내 최대 블록체인, 크립토 전문 투자회사 '해시드'의 창업자인 김서

준 대표가 인터뷰 중 한 말이다.

앞서 여러 번 강조했듯, 그랩과 우버 같은 플랫폼들은 억 단위의 사용자들을 확보하고 있고 매일 방대한 양의 데이터를 축적하면서 매 순간 영향력을 키워나가고 있다. 이들의 기업가치는 이미 수십조 원에 달한다. 회사의 비상장 단계에서 투자한 주주들 혹은 주요 임직원들은 상당한 수익을 얻을 수 있었다. 하지만 정작 플랫폼 성장에 큰 기여를 한 우버의 기사들과 소상공인들은 충분한 보상을 받지 못했다. 현실이 그러했다. 우버 드라이버로 10년을 일해도 큰 부자가 되기 어렵고 실제로 이들은 대부분 도시 외곽으로 밀려나서 생활하고 있다. 현재의 주식회사 모델은 '투자자'의 이익 극대화에 초점을 맞추고 있다. 이는 인터넷 플랫폼 기업이라고 해서 달라지지는 않는다.

블록체인 기반의
프로토콜 경제

하지만 블록체인을 기반으로 하는 프로토콜 경제에서는 다른 그림을 그려볼 수 있다. 회사의 주식을 사지 않더라도 프로젝트에 참여한다면 성공의 과실을 공유받을 수 있는 새로운 규약(프로토콜)을 제시

한다. 예를 들어 블록체인을 기반으로 하는 B우버가 있다고 생각해보자. 이 B우버를 사용한 대가로 기사와 승객 모두 B우버로부터 토큰을 받는다. 그리고 B우버가 인기를 얻고 이용 수요가 증가한다면 토큰의 가치가 올라가게 되어 우버의 기사들과 우버이츠에 참여하고 있는 소상공인들은 원래보다 더 많은 보상을 받을 수 있다. 승객들은 토큰을 사용하여 B우버 택시를 이용할 수도 있고, 혹은 B우버의 가치를 믿지 못하면 거래소 등을 통해 토큰을 팔 수도 있다.

이처럼 프로토콜 경제에서는 회사의 주주나 임직원이 아니어도 시장에 참여한 이들이 코인이나 토큰을 통해 플랫폼에 기여한 만큼 보상을 받게 된다. 디지털 자산을 활용하는 개방형 경제 플랫폼인 것이다. 플랫폼 소유자와 사용자들이 함께 정한 프로토콜에 따라 플랫폼을 운영하고, 성장에 따른 이익을 디지털 자산을 통해 분배하는 것이 핵심 개념이다. 비트코인이 좋은 예이다. 누가 만들었는지 알 수 없고 월급을 받는 임직원도 없지만 누구나 운영에 참여하여 보상을 받을 수 있기 때문이다.

실물경제로 넘어오면 프로토콜 경제에 딱 맞는 사례를 찾기 힘들지만, 유의미한 시도는 이루어지는 중이다. 우버의 경우 플랫폼 내 기사들이 창출한 수익 대비 보상이 부족하다는 지적을 꾸준히 받아왔고 개선을 위한 나름의 노력을 하고 있다. 2018년에는 미국 증권거래위원회SEC에 플랫폼 노동자들에게 주식 배분을 할 수 있게 해달라고 요구했고, SEC는 연봉의 15%를 주식으로 지급할 수 있는 가이드라인을 제시했다. 회사 성장에 기여한 대가를 플랫폼 노동자들이 더 많이 받을 수 있게 한 조치다. 그랩의 실무진들도 블록체인 관련 회사들과 지속적으로 미팅을 진행하는 등 기술 도입에 대한 관심의 끈을 놓지 않고 있다.

이는 비단 플랫폼 노동자들을 위한 보상의 문제만은 아니다. 플랫폼이 잘되기 위해서는 수요자뿐만 아니라 서비스의 공급자도 중요하다. 그랩과 우버의 관점에서 서비스를 공급해주는 주체는 운전기사, 자영업자 그리고 소상공인들이다. 이들이 없으면 고객 수요가 증가해도 더 많은 수익을 창출할 수 없다. 결국 공급자와 수요자가 같이 증가하는 선순환 구조가 되어야만 더 높은 단계로 도약할 수 있다는 뜻이다. 프로토콜 경제는 이에 대한 하나의 솔루션이 될 수 있다.

VC모델을 통해 배우는
투자의 본질과 방법

투자의 방법에 정답은 없다. 각자가 원하는 기대수익률, 리스크를 바라보는 관점 등에 따라 전략이 달라질 것이다. 어떤 이들은 워런 버핏의 가치투자를 지향하고 또 어떤 이들은 제시 리버모어의 모멘텀 투자를 찬양한다. 짧은 타임프레임 안에서 거래하는 '단타 매매'로 큰돈을 번 투자자들도 있고, 차트를 기반으로만 전략을 짜는 트레이더들도 존재한다. 결국은 스타일의 차이인 것이고, 본인에게 맞는 옷을 찾는 것이 중요하다.

필자의 경우 비상장 회사에 포커스를 맞춘 벤처투자자이지만, 상장사 투자도 'VC처럼 하자'라는 나름의 확고한 기준점이 있다. VC투자의 경우 일단 Top Down의 성향이 강하다. 대부분의 스타트업들이 투자의 근거가 될 만한 유의미한 지표와 데이터가 많지 않기 때문에 Bottom Up 방식은 한계가 있다. 따라서 위에서부터 내

려오면서 검토를 시작하는 사례가 많다. 그런 맥락에서 일단 타깃 시장을 진단한다. 회사가 공략하고자 하는 시장의 규모가 충분히 큰지, 해결해야 하는 비효율성이 존재하는지 등을 고민해보는 것이다.

그다음은 팀Team 구성이다. 사업도 결국 사람이 하는 일이다. 특히 스타트업은 대표자와 핵심 인력들이 어떤 특징과 성향을 가지고 있는지, 이들이 어떤 문제를 풀고자 하는지, 그리고 그 문제를 잘 풀 수 있는 인력 구성인지를 집중적으로 봐야 한다. 앞에서 언급한 두 가지 포인트들이 정리되면 다음으로는 사업모델의 타당성을 고민한다. 뜬구름 잡는 모델은 아닌지, 효율적인 구조로 진화하고 있는지 등을 생각해본다.

여기에 더해 또 한 가지 중요한 요소는 주주 구성이다. 국내 VC 투자의 계약 구조는 상당히 타이트한 편이다. 표준계약서를 보면 주요 경영 안건에 대해 주주들의 전원 동의나 최소 과반 이상의 동의를 받아야 하는 구조이고, M&A와 같은 큰 의사결정을 할 때도 주주들이 행사할 수 있는 영향력이 작지 않다. 그만큼 어떤 주주가 회사와 함께하는지가 중요한데, 그래서 필자는 주주로 들어온 기관들이 어떤 성향을 가지고 있는지를 면밀히 살펴보는 편이다. 전략적투자자 SI, Strategic Investor인 경우 어떤 시너지 창출이 가능한지, 그리고 SI들이 바라보는 방향과 회사가 바라보는 방향이 유사하거나 일치하는

지도 검토해본다. 이런 과정들이 마무리되면 (혹은 동시에) 회사의 핵심 KPI나 주요 지표들도 분석해보는데, 필자의 경우 앞에 언급한 내용들을 크로스체크 하거나 가설을 검증하는 수준으로 활용했다.

이 같은 일련의 과정들은 상장사를 검토하거나 투자할 때도 비슷하게 적용될 수 있다. 전통적인 리서치에서는 실적과 같은 '숫자'에 집착하는 경우가 많지만, 주식 가격은 결국 미래 값에 대한 기대치가 차지하는 비중이 높기 때문에 밸류에이션에 필요한 데이터 외에도 여러 정성적인 요소들을 복합적으로 고민해야 한다고 생각한다.

'VC처럼 투자하는 방식'에서는 결국 '시장 - 팀(창업자·대표자·핵심인력) - 사업모델 - 주주 구성'을 중점적으로 본다. 상장사 주식에 투자할 때도 특히 '팀(창업자·대표자·핵심 인력)'에 대한 레퍼런스 체크를 다각도로 진행하면 큰 도움이 된다. 특히 중소형 주식의 경우 더더욱 그러한데, 왜냐하면 상장사라고 해도 결국에는 최종 의사결정권자가 있고, 이들이 어떤 의사결정을 하는지에 따라 회사의 미래 가치가 크게 달라질 수 있기 때문이다. 대형주의 경우 시스템적으로 움직이는 부분이 있어서 임팩트가 상대적으로 조금 작을 수 있겠지만, 중소형주의 경우 대표자의 영향력이 절대적으로 큰 경우가 많다.

투자 자산을 바라보는 관점도 'VC처럼' 해볼 수 있을 것이다. VC

의 본질은 결국 'High Risk, High Return(고위험, 고수익)'이다. 10%, 20% 수익률을 기대하고 투자하는 VC는 없다. 적어도 5배에서 10배, 많게는 20배 이상의 투자 성과를 기대한다. 단, 특정 회사 한 곳에 올인하지 않는다. 초고수익을 낼 수 있는 포트폴리오들을 여럿 담고, 대신에 10개를 투자한다면 7~8개 포트폴리오는 어려운 상황에 직면할 수 있음을 감안하고 사후 관리를 진행한다. 10개의 회사 중에 1~2개 정도만 '터져줘도' 펀드 전체의 수익률이 충분히 높게 나올 수 있기 때문이다.

마지막으로 강조하고 싶은 포인트는 바로 '시간'을 바라보는 관점이다. 벤처투자기관은 긴 타임프레임을 가지고 포트폴리오를 운영한다. 일반적으로 VC 펀드의 만기는 7년인데 글로벌 탑 VC들은 펀드 주기를 10년까지도 생각한다. 심지어 이조차도 불필요하다고 생각하여 펀드의 만기 자체를 없애려는 움직임도 보인다. 그만큼 긴 호흡으로 함께할 수 있는 회사를 발굴하고 장기적으로 함께 간다는 기조가 강하다는 뜻이다.

필자는 상장사 투자도 크게 다르지 않다고 생각한다. 미래에도 충분한 가치가 있을 것이라 판단되는 회사라면 인내심을 갖고 주주로서 성장의 기쁨을 함께 누리면 된다. 그랩과 우버도 마찬가지다. 'VC처럼 생각하는 투자'의 관점에서 바라보면 어떨까. 물론, 상장 시장의 속성이 비상장의 그것과는 다른 부분이 있다. 하지만 VC들은 지난 수십년간 국내외에서 천문학적인 실적을 내며 빅테크 회사들의 성장에 큰 기여를 했다. 이미 어느 정도 검증된 모델이라는 뜻이다. 각자의 스타일에 맞는 투자 방식은 분명 다를 것이지만, 한 번쯤 고려해볼 만한 이유는 충분하다.

EPILOGUE

'이동'하는 슈퍼앱

오랜 세월 우리는 삶의 세 가지 기본 요소로 '의식주衣食住'를 꼽았다. 하지만 필자는 여기에 한 가지 키워드를 더해야 한다고 생각한다. 바로 '이동Mobility, 모빌리티'이라는 단어다. 입는 옷, 먹는 음식, 사는 집도 결국은 '사람의 이동'을 통해 만들어지기 때문이다. 과거의 인류는 이동의 '수단'에 대해서만 고민했다. 그 결과 말은 마차로, 마차는 자동차로 진화했고, 자동차는 '자율주행차'나 '플라잉카' 등의 형태로 발전을 거듭하고 있다.

그리고 이제는 이동의 수단뿐만 아니라 '이동 수단에 접근하는 방법'에 대해서도 고민하기 시작했다. 그 고민의 결과는 그랩과 우버였다. 디지털 기술의 발달로 여러 이동 수단들을 플랫폼으로 통합할 수 있게 되었고, 여기에 배달, 금융과 같은 다양한 영역들까지 붙으면서 '서비스형 모빌리티MaaS'라는 새로운 개념의 시장이 등장했다. MaaS는 2025년 약 215조 원 수준까지 성장할 것으로 예상되는 규모 있는 마켓인데, 이 책에서 다룬 그랩과 우버는 해당 시장을 상징하는 대표적인 기업으로 자리 잡았다.

그랩과 우버의 타깃 시장은 명확하게 구분되어 있다. 우버의 주력 시장은 북미 지역인 반면, 그랩은 동남아시아 국가들에 집중한다. 기본적으로 비슷한 사업모델을 가지고 있지만 지역적 특성이 반영되면서 사업 전략에 미묘한 차이를 보이고 있다. 하지만 두 회사 모두 '슈퍼앱'으로서의 입지를 탄탄하게 구축했다는 점에 대해서는 큰 이견이 없다. 잠재력도 충분하다. 모빌리티 시장이 '소유'에서 '공유' 중심으로 전환되면 양사는 더 큰 기회를 잡을 수 있을 것이다. 자율주행 서비스가 대중화되면 그랩과 우버의 운영 효율성은 크게 개선될 수 있고, 플랫폼 내에 축적되고 있는 양질의 데이터들은 디지털 금융과 같은 신규 사업으로 이어져 회사에게 새로운 먹거리를 제공할 것이다.

"기본적 이해로부터 풍부한 상상력을 펼쳐라. 그래야 온전한 가치를 찾는다."

피터 린치, 워런 버핏과 함께 '세계의 위대한 투자가 99인'에 한국에서는 유일하게 이름을 올린 강방천 에셋플러스자산운용 회장의 말이다. 필자는 이 메시지가 마음에 와닿는다. 기회는 준비된 사람에게 온다. 끊임없이 공부하고 현재를 이해하려는 노력이 필요하다. 그와 동시에 5년, 10년 후 미래에 대한 상상을 멈춰서는 안 된다. 어떤 기술이 등장할지, 어떤 기업들이 새로운 시대를 대표할지 우리는 지속적으로 고민해야 한다.

그런 맥락에서 그랩과 우버는 무심코 흘려보내기에는 너무 아쉬운 회사들이다. 새로운 시대를 대표하는 기업으로 성장할 가능성이 충분하기 때문이다. 물론 그 단계까지 가는 과정에는 수많은 변수들이 존재할 것이고, 그 변수들은 극복하기 어려운 장애 요소가 될 수도 있다. 그럼에도 불구하고 책까지 집필하며 그랩과 우버를 대중에게 알리고자 함은 그만큼 두 회사에 대한 믿음이 깊기 때문이다.

충분한 정보를 얻고, 그 정보를 바탕으로 내리는 결정이라면 어떤 방향이라도 좋다. 다만 이들을 이해하려는 최소한의 노력조차 하지 않는다면 그건 (죄송하지만) 게으름이다.

『나는 그랩과 우버에 투자했다』는 필자가 필드에서 얻은 경험과 인사이트를 바탕으로 꼭 필요한 정보들 위주로 정리한 책이다. 부수적인 내용들을 최대한 걷어내어 독자분들의 시간을 최대한 아껴드리고자 노력했다. 우리가 해야 하는 '최소한의 노력'도 최소화하고 싶어서다. 새로운 미래를 상상하는 데 이 두 회사의 이름이 있길 희망한다. 이 책이 여러분의 방향성을 설정하는 데 조금이나마 도움이 된다면 그것이 필자에게는 큰 행복이 될 것이다.

집필은 2022년 2월 초에 마무리했다. 시장이 워낙 빠르게 변화하기 때문에 출판하는 시점이 되면 새롭게 업데이트된 일부 사안들은 미처 반영이 안 될 수도 있다는 점에 대해 참조를 부탁드린다.

"그래서 둘 중에 어떤 회사의 주식을 사면 되나요?"

독자들이 아마 가장 궁금해할 포인트일 것 같다. 『네이버 vs 카카오』의 에필로그도 동일한 질문을 던지며 마무리된다. 저자는 네이버와 카카오의 주식을 각각 1주씩 사서 모으라고 추천한다. 일리가 있는 이야기다. 양사 모두 매력적인 기업이기 때문이다. 하지만 이 책에서 필자의 답변은 조금 다르다. 한 줄로 요약하면 이 정도이지 않을까 싶다.

"저라면 카카오·네이버 대신 그랩·우버를 살 것 같네요."

나는 그랩과 우버에 투자했다

발행일 2022년 6월 15일 (1판 1쇄)

지은이 김기영

발행인 김윤환
출판 총괄 유진 | **편집** 이한나 허주영 김상화 김명재
디자인 총괄 조중현 | **표지 디자인** 장주상

발행처 (주)탈잉
신고 2020년 2월 11일 제2020-000036호
주소 서울특별시 강남구 테헤란로 625 6층
이메일 books@taling.me
팩스 02-6305-1607
홈페이지 www.taling.me
블로그 blog.naver.com/taling_me
페이스북 @taling.me | **인스타그램** @taling_book

ⓒ 김기영, 2022

ISBN 979-11-92258-15-7 (03320)

- 책값은 뒤표지에 있습니다.
- 잘못된 책은 구입하신 곳에서 바꾸어 드립니다.
- 이 책은 저작권법에 따라 보호받는 저작물이므로 무단 전재와 무단 복제를 금하며,
  이 책의 전부 또는 일부를 이용하려면 반드시 저작권자와 (주)탈잉의 서면 동의를 받아야 합니다.